윤제학 글 | 정정현 사진

자연과 사람 사이

자연과 사람 사이 절

초판 인쇄   2007년 4월 20일
초판 1쇄   2007년 5월 15일

| 펴낸이 | 김 동 금
| 저　자 | 윤 제 학
| 사　진 | 정 정 현
| 펴낸곳 | 우리출판사

| 등　록 | 제9-139호
| 주　소 | 서울시 서대문구 충정로3가 1-38번지
| 전　화 | (02) 313-5047 · 5056
| 팩　스 | (02) 393-9696
| 이메일 | woribook@chollian.net

| ISBN 978-89-7561-249-7   03810

책값은 뒤표지에 있습니다.

윤제학 글 | 정정현 사진

자연과 사람 사이

우리출판사

책 머리에

자연과 사람을 이어주는 징검돌은 여럿이다. 어떤 사람에게는 낡은 배낭이나 운동화가, 또 어떤 이들에게는 한 편의 시가 바로 그것일 수 있다. 내게는 절집이 그것이다.

자연과 사람 사이에, 절이, 있다. 그곳엔, 결코 사람들의 쓸모를 위해 태어나지 않았을 소나무가, 그것도 휘어진 소나무가, 기둥이나 대들보가 되어 또 다른 삶을 살고 있다. 또 그곳엔, 바람 든 무를 썰어 말랭이를 만들듯, 헛된 것들 하늘로 날려 보내고 살아가려는 사람들이 있다. 절에는 자연과 사람이 함께 산다.

절은, 자연과 사람 '사이'에 있다. 사이는 '관계'다. 또한 '거리'다. 그것으로 하여 우리는 자연과 교감할 수 있고, 우리네 살림살이를 성찰할 수 있다.

절의 존재 의미를 새기는 방식은 사람마다 다를 것이다. 신앙의 공간이기도 하고, 문화재로서 감상의 대상이기도 하고, 휴식처이거나 그냥 구경거리일 수도 있다. 무엇이든 다 좋지만, 내게는 자연의 품이기 때문에 좋다. 자연과 부처는 같은 말이다.

절을 찾고 글을 쓰면서 길잡이 말로 삼은 것이 있다면, 그냥 보고 느끼자는 것이었다. '아는 만큼 본다'는 말이 옳다면, '보는 만큼 안다'는 말도 그만큼 옳다. 나는 후자를 따랐다. 될 수 있으면 사전에 정보를 뒤지지 않으려 했다. 그래서 감히 독자들께도 어떤 이유로 절을 찾든, 절집에 머무는 동안만큼은 '공부하지 마세요' 하고 말하고 싶다.

글을 쓰면서 절집의 역사나 인물에 대해 눈동냥 귀동냥 한 것들도 두서없이 늘어놓았지만, 가장 하고 싶었던 얘기는 절과 자연의 소통 방식이었다. 그것을 전하려 나름대로 애를 썼지만, 말대로 애만 쓴 것 같다. 하지만 앞으로도 나는 쓸 것이다. 내가 쓰는 것이 아니라, 내 삶이 나로 하여금 (편안히) 글을 쓰게 할 때까지.

절을 찾고 글을 쓰게 한 『월간 山』과, 함께 작업한 정정현 선배께도 감사의 마음을 전한다.

2007년 4월 윤제학

차례

4 책머리에

자연을 닮은 집

11 칠갑산 장곡사

21 등운산 고운사

31 달마산 미황사

41 봉황산 부석사

51 백암산 백양사

자연에 담긴 집

65 금오산 향일암

77 진봉산 망해사

87 두륜산 대흥사

97 봉미산 신륵사

105 청량산 청량사

자연을 담은 집

- 117 천불산 운주사
- 127 선운산 선운사
- 137 불명산 화암사
- 149 만수산 무량사
- 159 사자산 법흥사

부처와 사람이 만나는 집

- 171 팔공산 은해사
- 181 천등산 봉정사
- 191 능가산 내소사
- 201 한라산 법화사
- 213 운길산 수종사

자연을 닮은 집

절집은 공간을 지배하지 않는다.
마치 본래부터 그곳에 존재했던 바위나 초목처럼
자연의 한 부분으로 존재한다.
절집은 자연과 함께 생멸한다.

달빛은 빈 가지 위에 더 넉넉하게 걸립니다.

칠갑산 장곡사

어떻게 살아남아야 슬프지 않을까

그곳엔 '살아남은 자의 슬픔'이 없었습니다. 소나무의 푸르름은 잎 내려놓은 나무에 빚지고 있지 않았고, 움츠린 계곡도 새들의 날갯짓을 시샘하고 있지 않았습니다. 댓잎 서걱거리는 소리가 고요를 비질하고 있었습니다. 덕분에, 그곳 장곡사로, 편안히 발을 들여 놓을 수 있었습니다. 그리고 나는 브레히트(Bertolt brecht, 1898~1956)의 다음 시를 떠올렸습니다.

> 물론 나는 알고 있다. 오직 운이 좋았던 덕택에
> 나는 그 많은 친구들보다 오래 살아남았다. 그러나 지난 밤 꿈속에서
> 이 친구들이 나에 대하여 이야기하는 소리가 들려왔다.
> "강한 자만이 살아남는다."
> 그러나 나는 자신이 미워졌다.
> '살아남은 자의 슬픔' (전문) 김광규 옮김

시인이 '서정시를 쓰기 힘든 시대'는 불행합니다. 브레히트는 자신의 시 '서정시를 쓰기 힘든 시대'에서, 꽃피는 사과나무에 대한 감동보다는 엉터리 화가에 대한

'산사의 미학'에 대해서는 사람마다 견해가 다르겠지만, 고적감을 빼고 그것을 말하기는 힘들 것 같습니다. 그것을 제대로 느끼기엔 겨울이 제격이겠지요. 인적이 끊어진 겨울 장곡사의 서정은 나로 하여금, 어떻게 살아남아야 슬프지 않을 것인지를 알게 합니다. '산사의 미학'에 대해서는 사람마다 견해가 다르겠지만, 고적감을 빼고 그것을 말하기는 힘들 것 같습니다. 그것을 제대로 느끼기엔 겨울이 제격이겠지요. 인적이 끊어진 겨울 장곡사의 서정은 어떻게 살아남아야 슬프지 않을 것인지를 알게 합니다.

경악이 자신으로 하여금 시를 쓰게 한다고 말하고 있습니다. '엉터리 화가'란 '히틀러'를 가리키는 말이라고 합니다.

비록 시인은 아니지만 나에게도 '엉터리 화가'가 있습니다. 무한경쟁, 세계일류, 로또복권, '부자되세요'… 같은 말들이 그것입니다. 하지만 그런 말들에 저항하기 위해, 혹은 그것을 외면하기 위해 산사를 찾는 것은 아닙니다. 백화점 진열대 위에 놓인 상품 같은 것이 아닌, 진정한 서정을 찾기 위해서입니다. 시인이, '너무 쉽게 서정시를 쓰는 시대'도 불행합니다.

'산사의 미학'에 대해서는 사람마다 견해가 다르겠지만, 고적감을 빼고 그것을 말하기는 힘들 것 같습니다. 그것을 제대로 느끼기엔 겨울이 제격이겠지요. 인적이 끊어진 겨울 장곡사의 서정은 나로 하여금, 어떻게 살아남아야 슬프지 않을 것인지를 알게 합니다.

장곡사는 한 절에 상·하 두 대웅전이 있는 곳으로 유명한 절입니다. 두 건물 다 보물이고 특히 상대웅전의 철조 약사여래 좌상과 이에 딸린 석조 대좌는 국보이기도 합니다. 그래서 나는 귀중한 문화재를 보는 것만으로도 발품이 아깝지 않을 것이라고만 생각했습니다. 하지만 그것은 아주 단순한 생각이었습니다. 뜻밖의 소득이 더 컸습니다. 자연에 대한 경외 없이 자연과 인간의 공존을 말하는 것은, '그린 마케팅'과 깊은 상술이거나 말놀음일 뿐입니다. 또한 나는 산과 절의 만남에서 인간의 자연 회귀 본능을 봅니다.

천안—논산 간 고속도로에서 공주로 나와서 청양으로 가는 36번 국도를 달리다 보면, 대치면 어름에서 장곡사를 가리키는 이정표를 만납니다. 그곳에서 칠갑산도립공원의 서남쪽을 지나는 645번 지방도를 타면, 그 길이 바로 칠갑산의 긴 골짜기(長谷) 끝에 있는 장곡사 가는 길입니다.

응진전의 나한상. 제각각의 표정에 인간사의 희로애락이 다 들어 있는 듯합니다.

대치면 구치리를 지나면서, 계곡을 이루는 산허리에 걸린 산마을을 바라봅니다. 눈을 덮고 있는 산마을의 풍광은, 어릴 적 해거름을 알려주던 솔가지 타는 연기를 머리 속 가득 피워 올립니다. 그 연기가 채 사라지기도 전에 장곡리가 나타납니다. 마을 초입에서 차를 세우지 않을 수 없습니다. 그냥 지나칠 수 없는 근사한 느티나무 때문입니다.

장곡리의 당나무로 보이는 그 느티나무는 길 가운데에 있습니다. 그런데 반대 차로, 즉 장곡사에서 나오는 쪽 차로 위로 늘어진 가지에 걸린 표식이 이채롭습니다. '위험 4.1M', '위험 3.6M', '위험 3.2M'라고 쓴 글자가 적혀 있습니다. 전국 곳곳에 나무를 피해 길을 닦은 경우는 여럿 봤지만, 나뭇가지를 살리기 위해 그렇게 해 놓은 경우는 처음이었습니다. 수령 600년인 나무의 자태는 그 정도의 존중을 받기에 충분했습니다. 하지만 내게는 그것보다 그 나무를 대하는 장곡리 사람들의 마음이 더 아름답게 다가왔습니다. 대부분이 수입품인 환경 관련 서적에서 인용되는 선진국의 동식물 보호 사례를 보고 부러워했던 일이 아주 부끄럽게 느껴졌습니다. 우리의 전통 속에서는 보호 정도가 아니라 이렇게 섬겼거늘……

장곡사는 칠갑산(561m)의 북서쪽 자락에 있습니다. 칠갑산은 그리 높고 험한 산이 아닙니다만 장곡사가 둥지를 튼 기슭은 아스라해 보일 정도로 비탈입니다. 절을 볼라치면 자연히 우러르게 되는데, 가장 먼저 종각과 운학루(雲鶴樓)가 눈에 들어옵니다. 운학루는 본디 단층 건물로 하대웅전에 가까이 있었으나 2003년에 좁은 마당을 넓히기 위해 앞으로 내어 2층 누각으로 개축한 것입니다. 운학루에서 누하(樓下) 진입으로 하대웅전 마당으로 들어설 수 있지만 본디의 모퉁이 진입이 더 자연스럽습니다. 건축적으로는 진입부의 공간감을 깊게 하는 효과도 고려했겠지요. 절 안마당과 자연스럽게 대면을 하게 하는 것도 모퉁이 진입의 매력입니다. 그렇게 상

전국 곳곳에 나무를 피해 길을 닦은 경우는 여럿 봤지만, 나뭇가지를 살리기 위해 이렇게 해 놓은 경우는 처음이었습니다. 수령 600년인 나무의 자태는 존중을 받기에 충분했습니다. 하지만 그것보다는 이 나무를 대하는 장곡리 사람들의 미음이 더 아름답게 다가왔습니다.

대웅전 마당으로 들면 먼저 설선당(說禪堂)이 눈에 들어옵니다. 조선 중기의 건물로 추정하는데, 단청을 하지 않아서 그런지 절 분위기를 한층 예스럽게 만듭니다.

장대석으로 키를 높인 하대웅전(보물 제181호)의 덤벙주초(다듬지 않은 자연석 주초)가 자연스럽게 그곳으로 발길을 이끕니다. 설선당과 비슷한 연대의 하대웅전 안에 모셔진 금동 약사여래좌상(보물 제337호)은 고려 후기를 대표하는 불상입니다. 얼굴 표정이 아주 인간적입니다. 그래서 기도객들로부터 인기(?)가 높은지도 모르겠습니다.

설선당과 하대웅전 사이로 들어서면 활짝 또 하나의 세상이 열립니다. 가파른 계단 위로 상대웅전의 지붕이 보입니다. 계단 오른쪽 기슭에 선 감나무에는 아직도 감들이 고스란히 달려 있습니다. 저녁 햇살과 함께 몇 마리 새들이 감나무로 날아듭니다. 과거, 현재, 미래가 공존하는 모습입니다.

상대웅전(보물 제162호)은 고려시대에 처음 지어져 조선 중·후기에 중수된 건물로, 하대웅전과 마찬가지로 대웅전이라는 편액을 달고 있으면서도 석가모니부처를 주불로 모시고 있지 않습니다. 가운데에 철조 비로자나불 좌상이 석등(石燈)형 대좌 위에 모셔져 있는 모습이 특이합니다. 비로자나불이 바이로차나(Vaircana) 즉 '광명의 부처' 이기 때문에 대좌를 석등 모양으로 한 게 아닌가 싶습니다. 바라보는 쪽에서 오른쪽에는 철조 약사여래 좌상이 석조 대좌 위에 모셔져 있습니다. 비로자나불에 비해 당당한 체구에 시원시원한 인상입니다. 석조 대좌는 삼단으로 구성돼 있는데, 단순하면서도 정교한 조각 수법이 비전문가의 눈에도 비범을 느끼게 합니다. 왼쪽의 철조 여래 좌상은 몸에 비해 얼굴이 크고 수법이 투박하나 인상은 강인해 보입니다. 그리고 바닥에는 부석사 무량수전이나 봉정사 극락전처럼 벽돌[塼]이

철조 비로자나불 좌상(보물 제174호).

장곡사 상대웅전(보물 제162호). 비로자나불 좌상 왼쪽과 오른쪽에 약사여래 좌상(보물 제58호)과 아미타불 좌상이 모셔져 있습니다.

깔려 있습니다. 그 가운데는 통일신라시대의 것으로 추정되는 꽃잎이 8개인 연화문이 새겨진 것도 있습니다.

이렇듯 장곡사는 다수의 귀중한 문화재를 소장한 절입니다. 하지만 내게는 그것보다 산과 조응한 방식이 더 소중하게 다가옵니다. 상대웅전과 하대웅전의 바라보는 방향이 각각 동남향과 서남향인 것에서 알 수 있듯이, 산의 형국에 온전히 자신을 포갠 절이 장곡사라는 점을 더 크게 보고 싶습니다. 적어도 장곡사에서 만큼은 자연과 부처는 동의어입니다. 부처의 거처는 자연이니까요.

어쩌면 장곡사는 보조(普照) 스님이 산문을 열었다는 850년(문성왕 12)보다 훨씬 오래 전, 태초의 순간부터 그곳에 있었는지도 모를 일입니다. 그런 곳에서 어찌 '살아남은 자의 슬픔'이나 '스러진 자들의 회한'이 있을 수 있겠습니까.

상대웅전 마당으로 들면 먼저 설선당(設禪堂)이 눈에 들어옵니다. 조선 중기의 건물로 추정하는데, 단청을 하지 않아서 그런지 절 분위기를 한층 예스럽게 만듭니다.

등운산 고운사

고운사에 가면 누구나 시인이 된다

 말(言)이 절(寺)에 깃들면 시(詩)가 됩니다. '시'는 침묵에서 피어나는 적멸(寂滅)의 꽃입니다. 침묵을 배경으로 하지 않은 시는 화려한 소음일 뿐입니다.

 절은 침묵의 공간입니다. 단순한 '말 없음'이 아닌 침묵, 그것을 우리는 적묵(寂默)이라 합니다. 니르바나(涅槃)입니다. 오랜 시간과 들끓는 욕망의 풍화를 견뎌낸 언어가 사는 집, 그곳이 절입니다.

 공자는 『시경(詩經)』의 시 3백 편을 말하는 데 장황한 수사를 동원하지 않았습니다. "사악한 생각이 없다(思無邪)"는 한 마디였습니다.

 어떤 사람은 고운사(孤雲寺)에서 도가(道家)의 분위기를 읽습니다. 나는 시를 느낍니다. 고운(孤雲) 최치원(崔致遠, 857~?)으로 하여 이름조차 고운사(孤雲寺)로 바뀐 절인 끼닭입니다. 창건 때의 이름은 고운사(高雲寺)였다 합니다. 시 한 편 읽어 보겠습니다.

스님이여, 청산이 좋다고 말하지 마오
산이 좋다면서 무슨 일로 산을 떠나시는지

소나무 숲 사이로 난 그 길을, 아직 돌아갈 곳을 정하지 못한 낙엽들과 함께 걸었습니다. 구름인 양 흘렀습니다. 오관의 총아라는 눈의 구실이 머쓱해지는 계절에는, 차라리 반쯤 눈을 감고 바람의 결에 몸을 맡기는 편이 더 좋을 듯했습니다. 솔향기, 알싸한 바람 냄새, 빈 가지에 몸을 터는 정갈한 바람 소리, 섬세하게 모공을 파고드는 바람의 촉감을 온전히 느끼기 위해서 말입니다.

훗날 나의 종적 살펴보시길

한번 청산에 들면 다시는 나오지 않을지니

僧乎莫道靑山好

山好何事更出山

試看他日吾蹤迹

一入靑山更不還

   고운 최치원의 '증산승(贈山僧)'이란 시인데, '입산시(入山詩)'라고도 불립니다. 이 시에서 말한 대로 최치원은 52세 이후 종적을 감췄습니다. 삼국사기의 '최치원 전'에는 가야산 해인사에 숨어 자유로운 생활로 일생을 마쳤다 하고, 전설에는 신선이 되었다 합니다.

   오늘날 은자의 상징으로 전설적 인물이 된 최치원이지만, 처음부터 세간 밖을 노닐지는 않았습니다. 12살 어린 나이에 당나라에 유학을 가서 18세에 과거에 합격하여 당나라의 관리가 됐고, 「토황소격(討黃巢檄)」을 지어 천하에 문명을 떨쳤습니다. 그런 그가 신라에 돌아온 때는 885년(헌강왕 11), 그의 나이 29세였습니다. 하지만 신라는 이미 기울고 있었습니다. 진성여왕 때에는 전국적인 농민 봉기로 내란 상태에 빠져들었습니다. 이미 당나라에서 '황소의 난'을 경험한 바 있는 그는 894년에 시무책(時務策) 10여 조를 올려서 문란한 정치를 바로잡으려 했습니다. 진성여왕은 그의 개혁안을 받아들였고, 그는 6두품 최고 관등인 아찬에 올랐습니다. 하지만 6두품이라는 신분은 치명적인 한계였습니다. 진골 귀족은 그를 인정하지 않았습니다. 타락한 신라는 40대의 그에게 등을 떠밀었습니다. "계림(경주)은 시들어가는 누런 잎이고, 곡령(개경)은 푸른 솔(鷄林黃葉 鵠嶺靑松)"이라고 왕건의 집권을

예견한 그였지만, 고려 정권에 참가하지는 않았습니다. 그는 자유인이었습니다. 아웃사이더가 될 수밖에 없었습니다. 그는 비승비속(非僧非俗)의 운명을 받아들였습니다. 그런 그가 몸과 마음을 둘 곳은 산수간(山水間), 즉 절밖에 없었을 것입니다. 예나 지금이나 종교적 공간인 동시에 자연의 일부인 곳이 절인 까닭입니다.

등운산(騰雲山, 524m) 고운사(孤雲寺). '구름을 오르는 산'에 '외로이 떠 있는 구름 같은 절'이라는 말이겠지요. 시적(詩的)인 이름입니다. 실제로 그렇습니다. 언어 과잉의 시대인 지금도 고운사의 산문(山門)은 '삿된 생각을 씻어내는' 시적 정서로 충만합니다.

산문(山門)에서부터 일주문까지 황토 빛 고운 진입로(1Km)만으로도 고운사는 참으로 고맙게 거기 있었습니다. 소나무 숲 사이로 난 그 길을, 아직 돌아갈 곳을 정하지 못한 낙엽들과 함께 걸었습니다. 구름인 양 흘렀습니다. 오관의 총아라는 눈의 구실이 머쓱해지는 이런 계절에는, 차라리 반쯤 눈을 감고 바람의 결에 몸을 맡기는 편이 더 좋을 듯했습니다. 솔향기, 알싸한 바람 냄새, 빈 가지에 몸을 터는 정갈한 바람 소리, 섬세하게 모공을 파고드는 바람의 촉감을 온전히 느끼기 위해서 말입니다.

그렇게 걷다가 일주문(조계문이라는 편액을 걸고 있음)을 지나면 곧장 금강문입니다. 사천왕이 눈을 부라리고 있습니다. 금강문을 지나고 나면, 굳이 사천왕상을 따라 하지 않아도 절로 눈이 번쩍 뜨입니다. 고운사의 얼굴격인 가운루(駕雲樓, 경북 무형문화재 제151호)가 홀연히 솟아오르는 듯하기 때문입니다.

계곡을 가로질러 앉은 가운루의 누하(樓下) 기둥은 길이가 제각각입니다. 물길에 선 기둥은 긴 돌 초석 위에 서 있고, 나머지 기둥들도 계곡 바닥의 높낮이에 맞춰져 있습니다. 그 시각적 리듬감을 좇노라니 마치 가운루가 구름을 따라 춤을 추는 듯했

계곡을 가로질러 앉은 가운루의 누하(樓下) 기둥은 길이가 제각각입니다. 물길에 선 기둥은 긴 돌 초석 위에 서 있고, 나머지 기둥들도 계곡 바닥의 높낮이에 맞춰져 있습니다. 그 시각적 리듬감을 좇노라니 마치 가운루가 구름을 따라 춤을 추는 듯했습니다. 자연과 인간이 공명하는 자연주의 미학의 한 모범입니다.

습니다. 자연과 인간이 공명하는 자연주의 미학의 한 모범입니다.

가운루의 입지는 고운사의 가람배치를 이해하는 열쇠이기도 합니다. 본디 고운사의 경내에는 등운산을 사이에 두고 두 계곡이 흘러내립니다. 자연히 전각들은 산기슭에 바투 다가앉아 계곡의 흐름을 따라 배치되었습니다. 북동쪽에서 흘러내리는 계곡을 따라 명부전·삼성각·연지암·연수전·고운대암·극락전·만덕당·무설전·열반당·대향각·세심헌·용왕각이 길게 흐르고, 동남쪽에서 흘러 내리는 계곡 너머에 선방과 나한전이 있습니다. 그리고 그 사이에 대웅전과 약사전·아거각·적묵당이 등운산에 기대 앉아 있습니다. 그러나 1992년에 현재의 대웅전을 신축하면서 계곡을 복개하여 평지를 만드는 바람에 옛 모습은 잃어버렸습니다. 하지만 두 계곡의 합수 지점에 선 가운루는 그대로이므로 그것을 기준 삼으면 어렵지 않게 옛 모습을 그려 볼 수 있습니다.

가운루 옆에는 역시 2층 누각인 우화루(羽化樓)가 있습니다. 신선이 되어 하늘로 오른다는 도가의 상징을 편액으로 걸고 있지만, 내부에는 부처의 세계를 상징하는 우화루(雨花樓)라는 편액을 달고 있습니다. 또한 우화루의 외부 벽면에는 호랑이 벽화가 그려져 있는데, 보는 이의 시선을 따라 눈동자뿐 아니라 목까지 움직인다고 합니다. 항상 깨어 있으라는 의미로 새기면 될 듯합니다.

1918년 오시온이 쓴 사적기에 의하면, 최치원이 이 절에 머물 때 여지(如智)와 여사(如事)라는 두 스님과 함께 가운루와 우화루를 세웠다고 합니다. 이에 이름도 그의 호를 따서 고쳤다는 것입니다.

고운사의 초창은 681년(신문왕 원년) 의상 스님에 의해서입니다. 이후 헌강왕 대에 도선 스님이 약사여래불과 석탑을 안치했고, 수차의 중수를 거쳐 구한말에는 366칸의 대가람을 이루었다고 합니다. 그 흔적이 1902년(광무 6년)에 고종 황제의

우화루의 외부 벽면에는 호랑이 벽화가 그려져 있는데, 보는 이의 시선을 따라 눈동자뿐 아니라 목까지 움직인다고 합니다. 항상 깨어 있으라는 의미로 새기면 될 듯합니다.

수복강녕을 기원하기 위해 세운 연수전(延壽殿)인데, 절터의 풍수적 형국이 '반쯤 핀 연꽃(芙蓉半開)'으로 문경새재 아래에 이만한 명당이 없다고 일컬어집니다.

  행정구역상으로 경상북도 의성군 단촌면 구계리에 있는 고운사는 조계종 제16교구 본사입니다. 경상북도 의성·안동·영주·봉화·영풍의 5개 군 54개 말사를 관장하는 조계종 본사 치고는 숨어 있다시피 한 절이지만, 바로 그 점 때문에 우리는 자연에 온전히 심신을 누일 수 있는 행복을 누릴 수 있습니다.

  초겨울 짧은 해는 산사의 적막을 더욱 농밀하게 합니다. 한동안 잊어버렸던 '밤의 안온'이 거기에 있었습니다. 더디게 흐르는 시간만으로도 기꺼운데, 원주 소임을 보는 구행 스님은 차를 달이는 수고를 아끼지 않았습니다. 차를 마시면서 스님으로부터 들은 얘기가 아직도 귀에 생생합니다.

"진정한 여행자는 떠나지 않고도 자유롭습니다."

끝없는 변화와 부대낌 가운데서도 부동심(不動心)을 지켜나가는 것이 자유의 궁극이라는 말이겠지요. 언제 어디서든 걸림이 없는 경지이기도 하겠습니다. 그래서 출가 수행자를 일러 '운수(雲水)'라 하는가 봅니다.

또 스님은 이렇게 말했습니다.

"절이 관광지가 되어선 안 됩니다. 절은 수행자를 위한 공간으로 남겨 두어야 합니다."

행여 오해는 마십시오. 스님의 말은 '일반인 출입 금지'의 의미가 아닙니다. 절을 찾는 이 누구나 그 순간만큼은 수행자가 되어야 한다는 말이었습니다. 조계종 교구 본사 중 입장료를 받지 않는 유일한 곳이라는 점도 스님의 말에 무게를 더해 줍니다.

산문을 나서며 다시 고운(孤雲) 최치원을 떠올립니다. 그가 고운사에 머물렀다는 것이 사실이든 그렇지 않든 그것이 중요한 건 아니었습니다. 그는, 평생 궁궐을 바라보면서도 겉멋으로 '귀거래(歸去來)'를 말하는 자들과는 다른 종류의 인간이었습니다. 그는 시인이었습니다.

고운사에서 침묵의 소리를 듣습니다. 그 소리, 시가 되어 솔 그림자로 집니다.

달마산 미황사

하얀 눈 가슴에 저민 동백꽃이 있는 곳

'우리네 삶이 출렁이는 한, 땅끝 같은 것은 없다.'

해남의 땅끝마을에서 떠올린 한 생각입니다. 땅끝은, 더 이상 갈데없는 곳이 아니라 새로운 길의 시작이었습니다. 출렁이는 바다를 따라 내 마음도 출렁거렸기 때문입니다. 그래서 사람들은 오랜 옛날부터 먼 바다로 배를 띄웠는지도 모르겠습니다.

점점이 떠 있는 섬 사이로, 하나도 바쁠 것 없어 보이는 배들이 오가고 있었습니다. 파도 속에 또 작은 파도를 일으키는 항적(航跡) 좇았습니다. 그 중 어느 하나는 보길도에 닿았겠지요. 시간이 허락되지 않아서 고산(孤山) 윤선도(尹善道, 1587~1671)의 시정(詩情)이 어린 부용동(芙蓉洞)을 거닐어 보는 일은 뱃길을 보는 것으로 대신해야 했습니다.

변죽이 길었습니다. 하지만 우리 국토 최남단의 절 미황사(美黃寺)에 가서 땅끝을 밟아보지 않을 수 없었고, 땅끝에서 윤고산(尹孤山)의 보길도를 먼발치에서라도 바라보지 않을 수 없었습니다.

호남정맥의 가지줄기에 자리잡은 달마산(489m)의 서쪽 기슭에 안긴 절 미황사. 하루해를 바쳐 달려갔건만, 달마산은 구름에 지워져 흔적도 찾을 수 없었고, 절 마당엔 안개가 흐르고 있었습니다.

한 순간 구름이 비켜서자 하늘은 거짓말처럼 달마산을 되살려 놓습니다. 기묘한 암릉은 병풍을 펼친 듯하고, 절집은 땀땀이 온 정성을 기울여 수놓은 그림이 됩니다.

산기슭에 축대를 쌓아 여러 개의 단을 만들어 앉힌 전각들은, 제각기 높낮이를 달리하며 달마산과 절묘한 조화를 이룹니다. 그 시각적인 조화는 청각까지 공명하게 하니, 절정의 피아니스트가 날렵하게 건반을 오르내리는 것 같습니다. 이런 느낌을 제대로 받으려면, 대웅전을 약간 오른쪽에 둔 위치에서 보제루에 등을 기대면 됩니다.

구름에 지워졌다 다시 살아나고 또 사라지는 달마산은, 달마 스님의 마지막 행적을 연상시킵니다. 인도에서 중국으로 건너와 중국 선불교의 초조(初祖)가 되는 달마 스님은 그 명성에 걸맞게 독살을 당하는 극적인 최후를 맞습니다. 그러나 그것이 끝은 아니었습니다. 달마 스님은 자신의 무덤 속에 신발 한 짝만을 남깁니다. 그 얼마 후, 인도 여행에서 돌아오던 송운(宋雲)은 인도로 돌아가는 달마 스님을 만납니다.

물론 후대에 만들어진 설화지만, 큰 사람의 뒷모습답지 않습니까. 인류의 스승으로 불리는 인물들의 마지막이 다 그렇습니다. 석가는 죽은 뒤 7일 째 되던 날, 뒤늦게 도착한 제자 가섭이 관을 세 바퀴 돌자 관 속에서 두 발을 내 보입니다. 예수도 죽은 지 삼일 후 부활합니다. 이 세 죽음의 공통점이 무엇일까요. 종교적·학문적 해석은 능력을 벗어나는 일인지라 나름대로 이렇게 생각해 봅니다. 삶도 죽음도 한없이 버거운 존재자들의 불안, 혹은 살아남은 자의 아득한 슬픔이 불멸의 존재를 탄생시키는 게 아닌가 하는…….

1692년에 세워진 '미황사 사적비'에는 창건의 내력을 소상히 전하는데, 간략히 줄여 소개하면 다음과 같습니다.

"신라 경덕왕 8년(749)에 돌로 만든 배 한 척이 달마산 아래 사자포구에 나타났

11월 말부터 3월까지 피었다 지기를 반복하는 이곳의 동백꽃은 작고도 소담스럽습니다. 특히 참나무 숲 사이에서 자라는 동백은, 짙푸르지도 연약하지도 않은 특유의 자태를 지니고 있습니다. 반쯤은 양지, 반쯤은 음지에서 자라기 때문이랍니다. 적절한 결핍의 아름다움입니다. 1~2월 중 그곳에서 행운을 만난다면 하얀 눈을 가슴에 저민 설동백을 만날 수도 있겠지요.

는데, 배 안에서 부처를 찬탄하는 노랫소리가 퍼져나왔다. 어부들이 살펴보고자 다가갈 때마다 배는 사라졌다. 이에 의조(義照) 스님이 제자와 100명의 화랑과 함께 목욕재계하고 기도를 올렸다. 그러자 돌배가 바닷가에 닿았는데, 주조된 금인(金人)이 노(櫓)를 들고 서 있었다.

배 안에는 화엄경과 법화경, 비로자나·문수·보현·40성중·53선지식·16나한 등이 그려진 탱화, 그리고 쇠고리와 검은 돌이 실려 있었다. 이를 바닷가에 내려 어디에 모실지를 의논하는 순간 검은 돌이 갈라지면서 암소 한 마리가 나타나더니 순식간에 큰 소가 되었다. 그날 밤, 의조 스님의 꿈에 금인이 나타나 이렇게 말했다. '나는 우국(宇國)의 왕인데 여러 나라를 돌며 이 경과 상(像)들을 모실 곳을 찾았다.

호남정맥의 가지줄기에 자리잡은 달마산(489m)의 서쪽 기슭에 안긴 절 미황사. 하루해를 바쳐 달려갔건만, 달마산은 구름에 지워져 흔적도 찾을 수 없었고, 절 마당엔 안개가 흐르고 있었습니다.

그런데 이곳에 이르러 산 정상을 바라보니 일만불(一萬佛)이 현현하였기에 여기에 머물기로 하였다. 경을 싣고 가다가 누웠다 일어나 앉는 곳에 모셔라.'

이에 의조 스님이 소에 경을 싣고 가는데, 잘 가던 소가 한 번 누웠다 일어나 산골짜기에 이르러 다시 눕더니 '미(美)' 하고 울부짖으며 죽어버렸다. 이에 의조 스님이 소가 누웠던 곳에 절을 지어 통효사라 했고, 소가 죽은 골짜기에 절을 지어 경전과 신상을 모시고 미황사(美黃寺)라 했다. 여기서 '미'는 소의 울음소리를 취한 것이고 '황'은 금인의 색을 취한 것이다."(미황사 응진당 수리보고서에 나오는 내용을 읽기 쉽게 고쳤음.)

동국여지승람에도 이와 유사한 얘기가 전하는데, 여기서는 금인 대신 중국 남송의 고관이 등장하여 달마산에 깊은 공경의 예를 올리고는 다음과 같은 말을 남깁니다.

"우리나라에서는 그 이름만 듣고 멀리서 공경할 뿐인데, 그대들은 이곳에서 나고 자랐으니 부럽고 부럽도다. 이 산은 참으로 달마대사가 늘 머무를 땅이다."

미황사를 제대로 보기 위해서는 세 가지 시각을 중첩시켜야 할 것 같습니다. 먼저 가람 전체와 자연을 한눈에 담아야 합니다. 앞서 얘기했듯이 달마산과 전각 전체를 넓은 시각으로 두루 살핀 다음, 가장 높은 곳에 자리한 응진당에서 남해 바다를 바라봐야 합니다. 그 바다는 일망무제로 펼쳐지는 그런 바다가 아닙니다. 길게 다리를 뻗은 산자락이 바다를 만나기도 전에 안개가 먼저 퍼질러 앉아 버리는, 썰물 때면 아낙들이 삶을 건져올리는 그런 바다입니다. 날씨가 좋으면 진도를 비롯한 크고 작은 섬들이 선명히 떠 있기도 하지만, 설핏 호수 같은 얼굴만 보여주기도 하는 바다입니다. 금강 스님(주지)으로부터 귀동냥한 바에 따르면, 달빛이 맞는가 싶을 정도로 환하게 막을 내리는 월몰이나, 길게 몸을 누이는 일몰은 장관이라는 흔한 표현에는 걸려들지 않을 성질의 것이라고 합니다.

다음으로는 도량 주변을 어슬렁거려 봐야 합니다. 가장 먼저 동백이 눈에 띌 것입니다. 11월 말부터 3월까지 피었다 지기를 반복하는 이곳의 동백꽃은 작고도 소담스럽습니다. 특히 참나무 숲 사이에서 자라는 동백은, 짙푸르지도 연약하지도 않은 특유의 자태를 지니고 있습니다. 반쯤은 양지, 반쯤은 음지에서 자라기 때문이랍니다. 적절한 결핍의 아름다움입니다. 1~2월 중 그곳에서 행운을 만난다면 하얀 눈을 가슴에 저민 설동백을 만날 수도 있겠지요. 그러고 보니 미황사는 추백(秋柏)과 동백(冬柏), 춘백(春柏)을 다 만나볼 수 있는 절이기도 하더군요.

자연석을 다듬은 대웅보전의 주춧돌. 연꽃과 물고기, 게 등이 돋을새김 돼 있습니다.

마지막으로 절집을 살피는 눈길은 세심할수록 좋습니다. 적어도 미황사에서 전각을 살필 때는 손길로 쓰다듬듯 해야 합니다. 먼저 단청을 다 내려 놓은 대웅보전(보물 947호)이 눈길을 끕니다. 죽어서도 반듯하게 살아가는 나뭇결과 숨결을 나눈 다음, 더 아래를 살펴야 합니다. 거기, 살아 숨쉬는 돌이 있습니다. 자연석을 다듬은 주춧돌에는 연꽃이 피어나고 게와 거북이 꿈틀거립니다.

자문(自問)합니다. 이 돌에 생명을 불어넣은 석수장이는 과연 누구였을까요? 자답(自答)합니다. 그 어떤 위대한 예술가가 남긴 것보다 더 큰 감동을 안기는 '위대한 작자 미상!' 생명에 대해 문맹이 되어가는 현대인들에게 이보다 더 아름다운 메시지가 있을까도 싶습니다. 무지렁이들의 일상과 분리되지 않은 싱싱한 종교가 거기에 있습니다. 이를 두고 민간 신앙과 불교의 습합이니, 불교의 남방 전래를 상징하느니 하는 얘기는 학자의 몫입니다. 산이 좋아 절을 찾고 절이 좋아 산을 찾는 이들에게는 어울리지 않는 언사입니다.

이 밖에 주요 전각과 문화재로는 응진당(보물 1183호), 괘불탱화(보물 1342호), 명부전 등이 있습니다. 최근에는 보제루를 복원하는 등 절의 모습을 일신했습니다. 그리고 마지막, 미황사 순례의 정점은 옛 통교사가 있던 곳에 자리한 부도들입니다. 부도들마다 거북, 게, 두꺼비, 연꽃, 새, 물고기, 도깨비 들이 새겨져 있습니다. '죽음을 살아낸' 사람들의 무덤에서나 어울릴 장엄입니다. 서서 죽은 사람들의 표정입니다. 삶의 매무새를 다시하지 않을 수 없습니다.

　해남 땅끝마을의 달마산 미황사. 근거 없는 희망의 노래를 불러도 좋을 곳이었습니다.

미황사 응진당에서 바라본 남해. 산 너머로 눈길이 닿기도 전에 안개가 퍼질러 앉아 버립니다. 산과 바다의 경계가 지워져버린 그 자리에 우리의 삶이 있습니다.

'하나가 곧 모든 것이고, 모든 것이 곧 하나'인 화엄의 도리를 체현한, 우리로 하여금 그것을 체득하게 하는 절 부석사.

봉황산 **부석사**

'하나가 곧 모든 것이요,
모든 것이 곧 하나' 임을 일깨우는 절

비어 가는 가을 들판에, 하늘이 내려앉고 있습니다. 그만큼 하늘이 깊어집니다. 들판은, 한 톨 씨앗도 뿌린 적 없는 나에게도, 잘 여문 햇살 한 아름 수확하게 합니다. 게으른 농부에게도 마땅히 축복이 있기를!

며칠 동안 나는, 난폭한 교사처럼 단풍놀이를 채근하는 텔레비전을 보며 어린이 날 놀이공원에 가지 못한 아비처럼 주눅이 들었습니다. 하지만 부석사 가는 들머리에서 비로소 안도했습니다. 단풍은 설악산에만 있는 게 아니었습니다. 2차선 도로의 차로(車路) 하나를 다 차지한 채 물기를 말리는 벼들은, 어떤 강박도 없이 단풍의 정수를 보여 주었습니다.

지상에서의 마지막 빛을 까 먹고 있는 길가의 벼들은 또 이렇게 속삭였습니다. 천천히, 천천히……. 나는 오른쪽 다리의 힘을 빼고, 고속도로에서 묻혀온 속도를 증발시켰습니다.

천년 시간의 저편과 이편을 잇는 징검다리 같은 은행나무 길을 따라 부석사로 오릅니다. 이제는 '무량수전 배흘림기둥' 만큼이나 유명해진 은행나무 길이지만, 아직 단풍이 다 들지 않아서 유명세를 실감할 수는 없었습니다.

늘 그랬듯이 부석사를 가면서도 사전에 정보를 뒤적이지 않았습니다. '정보의 색안경'은 자기 감성의 타기일 뿐입니다. 눈 밝은 이들의 안목이라 하여 거기에 스스로의 느낌까지 위임할 수는 없는 노릇입니다. 전문가의 도움은 그 다음이어야 합니다. 특히 부석사처럼 미술사학자나 건축가는 물론 글줄께나 쓴다는 사람치고 한 마디씩 하지 않은 적이 없는 경우는 더욱 그렇습니다.

사실 부석사와 같은 '고전'(여러 가지 의미에서)에 대해서는 글쓰기가 여간 부담스럽지 않습니다. 앞선 글들의 아류에 떨어지고 말 가능성이 크기 때문입니다. 미리 결론부터 말하자면, 부석사에 관한 글은 최순우 선생의 '부석사 무량수전'(『무량수전 배흘림기둥에 기대서서』, 14~15쪽, 학고재, 1994)로 족합니다. 물론 부석사의 개별 건축물에 대한 고찰이나 공간 구성에 대한 건축적, 풍수적, 불교 교리적 해석에 대한 글은 앞으로도 계속 생산돼야 하겠지요. 하지만 그 모든 것이 현존을 근거로 한 귀납적 해석인 한, 최순우 선생의 안목은 구체적 세목의 출발점이 될 것입니다. 감히 이렇게 말하는 근거는, 그 어떤 글도 읽지 않은 갑남을녀의 느낌도 최순우 선생의 그것과 크게 다르지 않을 것이기 때문입니다. 선생은 그것을 저작권자로서 선취한 게 아니라 한국인의 보편 정서에 조응하는 문자향(文字香)으로 남겼습니다. 선생의 글은 우리 모두의 바탕마음을 대변하고 있습니다. 다소 긴 인용이지만 중요 부분만 그대로 옮겨 보겠습니다.

"소백산 기슭 부석사의 한낮, 스님도 마을 사람도 인기척이 끊어진 마당에는 오색 낙엽이 그림처럼 깔려 초겨울 안개비에 촉촉이 젖고 있다. 무량수전, 안양문, 조사당, 응향각들이 마치 그리움에 지친 듯 해쓱한 얼굴로 나를 반기고, 호젓하고도 스산스러운 희한한 아름다움은 말로 표현하기 어렵다. 나는 무량수전 배흘림기둥

가람과 자연과 인간의 상즉상입(相卽相入).

부석사 안양루 아래에 펼쳐진 풍광입니다. 절 지붕과 산들이 함께 흐르고 있습니다.

에 기대서서 사무치는 고마움으로 이 아름다움의 뜻을 몇 번이고 자문자답했다.

무량수전은 고려 중기의 건축이지만 우리 민족이 보존해 온 목조 건축 중에서 가장 아름답고 가장 오래된 건물임이 틀림없다. 기둥 높이와 굵기, 사뿐히 고개를 든 지붕 추녀의 곡선과 그 기둥이 주는 조화, 간결하면서도 역학적이며 기능에 충실한 주심포의 아름다움, 이것은 꼭 갖출 것만을 갖춘 필요미이며 문창살 하나 문지방 하나에도 나타나 있는 비례의 상큼함이 이를 데가 없다. 멀찍이서 바라봐도 가까이서 쓰다듬어 봐도 무량수전은 의젓하고도 너그러운 자태이며 근시안적인 신경질이나 거드름이 없다. 무량수전이 지니고 있는 이러한 지체야말로 석굴암 건축이나 불국사 돌계단의 구조와 함께 우리 건축이 지니는 참 멋, 즉 조상들의 안목과 그 미덕이 어떠하다는 실증을 보여주는 본보기라 할 수밖에 없다. 무량수전 앞 안양문에 올라앉아 먼 산을 바라보면 산 뒤에 또 산, 그 뒤에 또 산마루, 눈길이 가는 데까지 그림보다 더 곱게 겹쳐진 능선들이 모두 이 무량수전을 향해 마련된 듯싶어진다. 이 대자연 속에 이렇게 아늑하고도 눈맛이 시원한 시야를 터 줄줄 아는 한국인, 높지도 낮지도 않은 이 자리를 점지해서 자연의 아름다움을 한층 그윽하게 빛내 주고 부처님의 믿음을 더욱 숭엄한 아름다움으로 이끌어 줄 수 있었던 뛰어난 안목의 소유자, 그 한국인, 지금 우리의 믿음 속에 빙빙 도는 그 큰 이름은 부석사의 창건주 의상대사이다.(…)"

느끼셨겠지만, 최순우 선생의 글은 다분히 감상적이지만 원론적이고 인간중심적이며, 사실 관계에서 오류도 있습니다. 학술적인 글이 아니니까 당연히 감상적일 수밖에 없고, 부석사의 건축적 진실 적시는 원론적입니다. 또한 선생의 학문적 정체성이 미술사학이다 보니 건축을 중심으로 자연을 바라볼 수밖에 없었을 것이고, 그래서 인간중심적일 수밖에 없었겠지요. 그리고 사실 관계에 있어서 무량수전은 우리

부석사 안양루 아래에서 무량수전으로 오르는 순간입니다. 누각 아래에서 무량수전으로 오르는 순간입니다. 누하진입(樓下進入, 누각 아래를 통해 마당으로 들어서는 것)의 매력이 돋보이는 공간입니다.

나라에서 가장 오래된 건물이 아니라 두 번째입니다. 하지만 그 글을 쓸 당시 봉정사 극락전이 최고(最古)로 밝혀지지 않았으므로 학자적 태만이라고도 볼 수 없겠지요. 이런 점을 두루 고려해도 선생의 글은 후학들이 가야 할 길을 열어보였다는 점에서 초등자(初登者)의 지위를 누려야 함이 마땅합니다.

명찰을 말할 때 빼 놓을 수 없는 요소가 신앙적, 역사적, 건축적 의미일 것입니다. 절의 현존 성격에 따라서 강조점은 달라지겠지요. 부석사의 경우, 세 요소 모두 비중의 우열을 따질 수 없는 것들이지만 최근 들어 답사 여행 바람 탓에 건축적 의미로 무게 중심이 옮겨진 듯합니다. 나쁠 것은 없지만 절집을 문화재적 가치로만 바라보는 것은 종교의 박제화란 측면에서 경계해야 할 일로 보입니다.

봉황산 자락에 기댄 안양루(앞)와 무량수전.

우선 신앙적 의미를 살펴보면 화엄 신앙과 미타 신앙의 혼재입니다. 분명 해동 화엄종의 종찰이지만 주불은 비로자나불이 아니고 아미타불입니다. 화엄 도량의 정점에 정토 신앙이 자리하고 있는 셈입니다. 이 모순을 학자들은, 창건주 의상 스님이 아미타불을 화엄의 일승(一乘)으로 이해한 동시에 현재불(現在佛)로 파악한 것으로 해결하려 합니다. 즉 의상 스님은 화엄 사상의 배경 위에 신라의 정토화를 위해 부석사를 창건하였다는 것입니다. 이러한 창건의 사상적 배경은 역사적 의미와도 상통합니다.

부석사는 의상 스님이 문무왕 16년(676)에 왕명을 받들어 창건했다는 기록이 삼국유사에 전해옵니다. 삼국 통일 전후 오랜 전쟁에 시달린 대중들의 마음을 화엄 신앙으로 달래기 위해서 창건했다는 것입니다. 그런데 왜 화엄 신앙에 아미타 신앙 즉 사후의 왕생극락을 희구하는 정토 신앙이 습합되었는가? 의상 화엄학의 실천적 특질이 바로 그것입니다. 현실의 고난을 직시하고 지금 발 딛고 있는 이곳을 정토로 만들자는 신념 때문에 서민불교적인 정토 신앙이 화엄 신앙과 원융했다는 것입니다.

미술사학자, 건축가, 그리고 일반인들 사이에 가장 주목을 받고 있는 부석사의 매력은 한국 고건축의 고전이라는 점에 있을 것입니다. 국보 제17호 무량수전 앞 석등, 국보 제18호 무량수전, 국보 제45호 소조여래좌상, 국보 제46호 조사당 벽화, 보물 제249호 삼층석탑, 보물 제255호 당간지주, 보물 제735호 고려각판, 경상북도 유형문화재 제127호 원융국사비 등 중요 문화재만으로도 부석사의 건축사적 중요성을 가늠해 볼 수 있습니다. 그런데 이런 문화재석 가치보다 더 주목을 받는 것은 전형적인 산지 가람으로서 다양한 높이의 석단(石壇)을 이용한 독특한 공간 구성과 무량수전의 아름다움 그리고 무량수전에서 바라보는 풍광일 것입니다.

흔히 미술사가들은 부석사의 공간 구성을 정토 신앙에 근거한 9품 만다라, 화엄 신앙에 근거한 10지를 상징한다고 해석합니다. 설득력이 없는 건 아니지만, 석단에 과도한 의미를 부여했다는 느낌의 지울 수 없습니다. 그래서 나는 신앙과 자연과 인간의 일체화로 해석하고자 합니다. 자연계의 만물이 의도한 바 없이 크고 작고 길고 짧듯이, 석단은 자연에 순응한 결과일 것이라는 얘기입니다.

 사역의 중심축이 영역별로 각도를 달리하는 것도 무량수전은 정남향이고 지세는 남서쪽으로 흐르기 때문일 것입니다. 따라서 도량을 처음 대할 때의 느낌은 상당히 무질서해 보입니다. 하지만 범종각과 안양루의 절묘한 배치로 동선을 유도하고 누하진입으로 중요 건물을 극적으로 강조합니다. 그렇지만 이 모든 것은 그리 중요치 않습니다. 무량수전 앞에서 몸을 돌려 세우면, 모든 전각의 지붕들이 물 흐르듯 자연스럽고, 백두대간의 등마루와 가지줄기들이 첩첩이 파도처럼 달려옵니다. 이것이 부석사 가람의 클라이맥스입니다. 가람과 자연과 인간의 상즉상입(相卽相入), '하나가 곧 모든 것이고, 모든 것이 곧 하나'인 화엄의 도리를 체현한, 우리로 하여금 그것을 체득하게 하는 절이 바로 부석사입니다.

백암산 백양사

'봄산'은 커다란 '꽃'입니다

'봄산'은 먼눈으로 바라봐야 합니다. 꽃에 취하면 새싹이 눈 밖으로 사라지고, 눈 뜨는 한 잎사귀에만 눈길을 주면, 산은 천만리 밖입니다. 아득한 눈길로 먼 산 바라보면, 산은, 커다란 꽃으로 우리 앞에 벙글어집니다.

산에 사는 사람들은 말합니다. '신록'이라는 말은 너무 진부하다고. 봄산은, 신록이라는 말로는 가둘 수 없는 생명의 경이를 우리에게 선물합니다. 그 선물은, 알면서도 속아주는 산타클로스의 선물이 아니라, 깜빡 졸다 눈 뜨면 또 다른 모습으로 다가오는, '살아 있음' 그 자체를 축복이게 하는 선물입니다.

산 허리에 산벚꽃, 아기 볼우물 같습니다. 살짝 손끝만 스쳐도 까르르 꽃잎 날릴 것 같습니다. 고불총림(古佛叢林) 백양사 가는 길은 그래서 조심스럽게 들떴습니다.

고불(古佛), 즉 '옛부처'입니다. 석가모니 부처를 비롯하여 이른 바 '깨달음의 삶'을 살아낸 사람들을 이르는 말입니다. 깨달음을 입에 올릴 형편은 아닙니다만, 감히 저는 그것을 '온전한 삶'으로 새겨 봅니다. 자의적 해석이긴 합니다만, '완전'이 완료형이라면 '온전'은 진행형입니다. 그래서 '고불'은 죽은 부처가 아니라 산 부처입니다. 지금 이 순간 우리의 삶이 그러하기를 바라는 부처의 메시지입니다. 백

대웅전 뒤로 광배처럼 솟은 바위 봉우리인 백학봉은 쌍계루 어름에서 먼저 그 광휘를 드러냅니다. 백학봉과 도집봉 사이 백양계곡과 백학봉 남동쪽 자락에서 흘러내리는 두 물줄기가 만나는 곳에 자리한 쌍계루는 승속(僧俗) 모두에게 산사의 멋을 느끼게 합니다.

양사는 우리 스스로가 메시아가 되라는 옛부처의 간곡한 당부를 담은 절입니다. 옛 절이되 언제나 새로운 절입니다.

백양사의 면모는 절로 드는 길에서부터 찾아야 합니다. 가는 길 오는 길의 차별을 두지 않는 길 가운데의 늙은 벚나무, 곧게 굽은 노송, 세월을 잊은 듯한(500여 년 추정) 갈참나무, 그 사이로 아름드리 단풍나무들. 그 모든 것들은, 가꾸었으되 그 흔적을 느낄 수 없는 천연의 아름다움으로 다가옵니다. 지난 세월을 현재화하고 있는 옛부처의 봄소식입니다.

백양사는 백제 무왕 33년(632)에 여환 스님이 창건하였다 하는데, 개창 당시의 절 이름은 백암사(白巖寺)였다 합니다. 이후 고려 덕종 3년(1034)에 중연 스님이 중창하면서 정토사(淨土寺)로 이름을 바꾸었고, 조선 선조 7년(1574)에 환양 스님이 주석하면서 백양사(白羊寺)로 다시 이름을 바꾸었습니다. 백양사라는 이름은 다음과 같은 전설에서 비롯됩니다.

환양 스님이 주석하며 늘 법화경을 독송하였는데 그때마다 백학봉 밑에 사는 흰 양이 찾아와 듣고 가곤 하였습니다. 그러던 중 어느 날 스님의 꿈에 흰 양이 나타나 "스님의 독경 소리를 듣고 깨달음을 얻어 축생의 몸을 벗고 이제 사람의 몸으로 환생합니다. 스님, 감사합니다." 하며 절을 하고 물러났습니다. 이를 이상이 여긴 스님이 산책을 하던 중 흰 양이 죽어 있는 것을 발견하고는 예사로운 꿈이 아니었음을 알게 됩니다. 그리하여 스님은 자신의 법명을 환양(喚羊)으로 고치고 절 이름도 백양사로 바꾸었나 합니다.

하지만 오늘의 백양사는 만암 스님이 주지로 취임하면서부터 일신한 모습입니다. 당시 백양사는 환양 스님 주석시의 건물로 극락보전(전남 유형문화재 제32호)만

남아 있었는데 1917년부터 만암 스님이 중건에 착수하여 대웅전(전남 유형문화재 제43호)을 비롯 향적전, 명부전, 조사전, 만세루 등을 잇달아 세웠습니다. 뿐만 아니라 팔정도탑이라 불리는 석가사리탑을 세우고 사천왕문까지 조성함으로써 대가람의 면모를 되찾았습니다. 하지만 만암 스님을 주저 없이 큰스님이라 할 수 있는 건 건물을 세운 데 있는 것이 아닙니다. 산내 암자인 청류암에 민족교육의 산실인 '광성의숙'을 설립했고, 쌍계루 옆에 일반인을 위한 보통교육기관인 '심상학교'를 설립하였을 뿐 아니라 반농반선(半農半禪)을 강조하여 승가의 자립적 삶을 지향한 점입니다. 만암 스님은 이러한 물질적 정신적 토대 위에 고불총림을 이루었던 것입니다. 이러한 스님의 자취는 절 입구에 손수 심은 노송의 푸름으로 지금껏 생생합니다.

절집의 일도 역시 사람의 일입니다. 만암 스님의 덕화는 불교 정화의 혼란을 겪으면서 잊혀진 역사가 되는 듯 했으나 서옹 스님이 뒤를 이어 선풍(禪風)을 진작시킴으로써 1996년에 이르러 고불총림을 온전히 복원했습니다. 조계종 5대 종정을 역임한 바 있는 서옹 스님은 2003년 12월 13일 92세를 일기로 열반에 들었습니다. 육신의 무상은 차별을 두지 않으나 어른이 귀한 세상은 스님의 열반을 크게 안타까워 했습니다. 이에 대한 스님의 화답은 좌탈(座脫). 앉아서 최후를 맞이하는 것으로써 삶과 죽음이 둘 아님을 보인 것입니다.

어쩌면 절 초입의 거목들은 창건주 여환, 고려시대의 각진 국사, 조선시대의 편양, 진묵, 연담 스님을 비롯하여 근·현세의 백파, 학명, 용성, 석전, 만암, 서옹 등 백양사의 역사에 큰 자취를 남긴 선지식들의 화신인지도 모르겠습니다. 노덕(老德)의 존재는 육신의 유무로만 확인되는 것은 아닐 것입니다. 또한 지금 이 순간에도 역대 선지식의 뒤를 이을 누군가가 탁마를 거듭하고 있을 것이라는 믿음을 가져 봅니다.

백양사의 면모는 절로 드는 길에서부터 찾아야 합니다. 가는 길 오는 길의 차별을 두지 않는 길 가운데의 늙은 벚나무, 곧게 굽은 노송, 세월을 잊은 듯한(500여 년 추정) 갈참나무, 그 사이로 아름드리 단풍나무들. 그 모든 것들은, 가꾸었으되 그 흔적을 느낄 수 없는 천연의 아름다움으로 다가옵니다. 지난 세월을 현재화하고 있는 옛 부처의 소식입니다.

절로 드는 숲길이 시절과 함께하는 백양사의 상징이라면 한결같은 모습의 상징은 백학봉일 것입니다. 높이와는 별도로 백암산의 주봉은 백학봉입니다. 대웅전 뒤로 광배처럼 솟은 바위 봉우리인 백학봉은 쌍계루 어름에서 먼저 그 광휘를 드러냅니다. 백학봉과 도집봉 사이 백양계곡과 백학봉 남동쪽 자락에서 흘러내리는 두 물줄기가 만나는 곳에 자리한 쌍계루는 승속(僧俗) 모두에게 산사의 멋을 느끼게 합니다. 수행자에겐 운수납자로서의 여유를, 세상 사람들에겐 출세간적 여백을 안겨줍니다. 때마침 쌍계루 앞에 복숭아꽃 만발이었습니다. 위로는 백학봉이 우뚝합니다. 그 풍정을 글로 담으려 하자 감흥이 반감했습니다. 이에 상심 아닌 상심을 하던 중 백양사의 수좌 호산 스님으로부터 귀가 번쩍 뜨이는 고인의 노래 한 자락을 들었습니다. 그대로 옮겨 보겠습니다.

흰구름 덮인 천 봉우리를 끼고 앉았노라니,
꾀꼬리는 깊은 골에서 울지만 봄소식을 모르네.
바위 앞에 꽃비 분분히 떨어지니,
꿈 깨어 처음으로 돌아와 고인을 알아보도다.

坐擁群峰覆白雲

鸎啼深谷不知春

巖前花雨紛紛落

夢覺初廻識故人

선문염송에 전하는 석문(石門) 스님의 게송이라 합니다. 마치 백양사의 풍광을 노래한 듯합니다. 그런데, '봄소식을 모른다(不知春)'는 부분과 '고인을 알아본다

(識故人)'는 대목이 알듯 말듯 했습니다. 사족을 꺼리는 스님에게 다시 귀동냥 한즉, '봄소식을 모른다' 함은 언설로 표현할 수 없는 구경(究竟) 혹은 대도(大道)를 이름이고, '고인을 알아본다' 함은 본래의 마음자리(自性)를 보는 것을 말한다 합니다. '텅 비어 있음으로써 존재하는(眞空妙有)' 사물의 실상, 혹은 비가시적 본질과 가시적 현상의 계합(契合)을 말하는 것이겠지요. 어쨌거나, 지금 이 땅의 산천초목은 한목소리로 깨달음의 노래를 부르고 있다고 이해해도 크게 허물이 될 것 같지 않습니다.

극락조를 타고 피리를 불고 있는 동자.(대웅전 안)

 백양사에 들러 절마당만 한바퀴 휘 둘러보고 가는 것은 조금은 건조한 상춘(賞春)이 아닐까 싶습니다. 육산의 면모에 골산의 진수를 머금은 백암산과 암자 몇 군데는 빠뜨리지 말아야 할 것입니다. 큰절에서 백학봉까지는 느린 걸음으로도 한 시간이면 됩니다. 약사암 가는 길의 비자나무 숲(천연기념물 제153호)을 거닐어 보는 것도 각별한 즐거움이 될 듯 싶습니다. 약사암에서 내려다 보는 백양사의 전경도 놓치기 아깝습니다. 이밖에도 천진암, 홍련암, 청류암 같은 산내 암자는 백암산의 풍취에 고적감을 더해 줍니다.

 지금 백양사는 봄(春)으로써 만유의 실상을 보게(觀) 합니다.

자연에 담긴 집

절집의 조영원리는 교의가 아니라 자연이다.
그래서 때로는
풍경대신 파도소리를 추녀에 걸고,
바다를 마당 삼기도 한다.
그 속에서 우리는
흔들리는 풀잎에서도 법신의 광휘를 본다.

경전바위 앞 너럭바위에서 향일암의 진면모를 봤습니다. 지붕만 보이는 전각은 삼성각, 대웅전, 종각, 관음전, 관음원(요사, 공양간) 순서로 바위와 동백 사이사이에 부채꼴을 이루며 펼쳐져 있었습니다. 바위와 전각과 동백의 조화는 절묘했습니다. 그리고 그 앞으로는 향일암의 진정한 앞마당이라 할 '한' 바다가 펼쳐져 있습니다.

금오산 향일암

남해 한바다를 마당삼은 절

봄마중을 나섰습니다. '투둑, 툭' 떨어지며, '이제 겨울이 다 갔음'을 알리는 동백이 있는 곳으로. 그렇습니다. 동백꽃 떨어지는 소리는 봄을 부르는 소리입니다. 그래서 동백꽃은 지는 모습이 더 아름다운 꽃입니다. 그 '꽃 진 자리', 겨울을 건너가는 봄의 징검다리입니다.

남해 가에 동백꽃 지는 곳이 어디 한둘이겠습니까만, 왠지 향일암에 가면 그 '꽃 진 자리'에서 극락의 징검다리를 보게 될지도 모를 것 같았습니다. 관세음보살의 진신이 머무는 도량이니까요.

극락의 주재자인 아미타 부처의 왼쪽과 오른쪽에는 '관세음보살'과 '대세지보살'이 협시합니다. 이 세 불보살을 일러 '미타삼존' 혹은 '미타삼성'이라 합니다. 다 알다시피 관음보살과 대세지보살은 각각 자비와 지혜를 상징합니다. 자비와 지혜의 덕을 모두 갖춘 부처가 아미타불이라는 애깁니다. 극락으로 가는 길은 자비와 지혜에 있다는 말이겠지요.

절집 말로 '복혜(福慧)'라는 것이 있습니다. '복지(福智)'라고도 하는데, 이 말 또한 자비와 지혜를 이르는 말입니다. 자기 완성 즉 부처가 되는 길은 깨달음을 위

향일암의 진정한 앞마당.

한 지행(智行)과 아울러 자비를 베풀어 덕을 쌓는 복행(福行)을 하는 데 있다는 것입니다. '복(福)'이란, 빌어서 받는 것이 아니라 베푸는 데서 온다는 가르침입니다.

세 차원의 극락이 있다 했습니다. 가야할 극락, 만들어야 할 극락, 이미 존재하는 극락이 바로 그것입니다. 이 중에서 나는 두 번째를 지지합니다. 죽어서 가야할 극락은 너무 피동적이고, 이 세계를 이미 존재하는 극락으로 인식할 만큼 대근기도 못되기 때문입니다. 갈데없는 중생이긴 하지만, 그래도 이 세상을 극락으로 만들어야 한다는 믿음의 끈만큼은 놓치고 싶지 않아서입니다.

사실 앞서 말한 세 차원의 극락이 별개의 실체는 아닐 것입니다. 떨어진 동백꽃이

돌산섬의 끝, 바다와 맞닿은 금오산 남쪽 기슭에 자리잡은 향일암은 마치 바다 위에 뜬 절 같습니다.

그것을 말해 주더군요. 피기 전에도, 피어서도, 떨어져서도 동백꽃은 여일(如一)했습니다. 한결같이 극락을 살아낸 그 꽃을 보며 나는 한없이 부끄러웠습니다. 눈앞에 극락을 두고도 오욕의 허방다리만 밟고 온 내 가난한 삶이 슬펐습니다.

하루해를 다 바쳐 여수에 도착했을 때, 비가 내리기 시작했습니다. 비로소 우리가 가고 있는 곳이 '해를 향한(向日)' 암자라는 사실이 떠올랐습니다. 이내 다가오는 한 생각. 내가 사는 곳에도 해는 날마다 떠오르는데, 나는 지금 왜 향일암(向日庵)으로 가고 있는가? 이번 여행의 화두를 하나 찾은 셈입니다.

돌산대교를 건너서도 향일암 가는 길은 한참 멀었습니다. 돌산대교에서 향일암의 아랫마을인 임포까지가 25Km 정도이니 꼬불꼬불한 산길을 족히 30분은 달려야 했습니다. 설사 곧다 해도 그 길은 휑하니 달려야 할 길이 아니었습니다. 곱게 가꾸어진 길가의 동백나무, 순하게 흘러내린 산자락에 기댄 작은 마을들, 그리고 호수처럼 잔잔한 남해바다와 얘기를 나누며 가야 할 길이었습니다.

돌산섬의 끝, 바다와 맞닿은 금오산 남쪽 기슭에 자리잡은 향일암은 마치 바다 위에 뜬 절 같았습니다. 그 입지가 마치 가파른 벼랑에 튼 새 둥지 같아 보였기 때문입니다.

절 마당 곳곳에 떨어진 동백꽃이 비에 젖고 있었습니다. 그 꽃을 피해 조심조심, 인기척이라고는 없는 절집의 고요를 위해 또 조심조심 절 마당으로 들어섰습니다. 사람의 기척이 유일해 보이는 영구암(靈龜庵, 종무소로 쓰이는 건물로 경봉 스님이 쓴 편액을 걸고 있다.)에서 종무원의 안내로 방 한 칸을 얻었습니다.

방으로 들어서자마자 남쪽으로 난 창문을 활짝 열었습니다. 물기를 잔뜩 머금었을 텐데도 그리 무겁지도 차지도 않은 바람이 밀려들었습니다. 그리고 눈앞으로는 어디가 바다이고 어디가 하늘인지도 모를 한 세계가 열려 있었습니다. 가늘게 부서져내리는 비, 옅은 안개, 거리를 가늠하기 힘든 이웃 섬들의 흐릿한 불빛만이 이곳

동백꽃 진 자리.

이 남쪽 바다 끝 절집임을 알게 합니다.

평소 같았으면 깊은 잠에 빠져 있을 새벽 6시에 먹는 아침 공양이 달고도 정갈했습니다. 시골 어머니 같은 공양주 할머니들의 모습은 관광지 사찰에서 가끔 접하게 되는 불편함과 거리가 멀었습니다. 절집의 가풍은 대충 공양간을 보면 압니다. 곳간에서 인심난다는 속담이 절집이라 하여 비껴가지 않습니다.

아침 공양을 마치고 나서도 비는 그치지 않았고 우리는 오랫동안 이곳에서 산 사람들처럼 절집의 새벽 고요를 즐겼습니다. 창밖으로 동박새 지저귀는 소리가 청명했습니다. 활짝 창문을 열었습니다. 가파른 산기슭 아래로 동백 숲과 어우러진 대나무 숲이 흔들리고 있었습니다. 짙푸른 동백잎에 비해 연두빛으로 보이는 대나무 숲의 조화가 싱그럽습니다. 대기가 투명했더라면 댓잎 서걱거리는 소리까지 들을 수 있었을 텐데 하는 아쉬움이 들었습니다. 끝도 없는 욕심입니다.

종무소 한켠에서 재무 소임을 보는 우석 스님과 차를 나누었습니다. 하룻밤 객의 부실한 눈보다야 오랫동안 절집에서 살아온 스님의 얘기를 듣는 편이 좋을 것 같았습니다.

"해안(海岸) 고절처(孤絶處)라는 말에 딱 어울리는 절입니다. 돌산대교가 생기기 전에는 배를 타고 와서 공양미 머리에 이고 걸어서 참배를 다녔다고 해요. 진짜 신심인 거죠. 바로 그런 믿음에 관세음보살님도 감응하는 것이겠지요. 동백꽃 자생지로서 풍광도 그만이지요. 돌산대교가 놓인 후에는 관광객의 숫자가 늘어났는데 모두들 일출에 감탄을 하곤 합니다. 그런데 실은 저녁 기도 후에 법당을 나오며 바라보는 월출이야말로 참으로 장관입니다."

기도 성취라는 게 무엇일까요. 좋은 집 사고, 자식들 좋은 학교 가고, 돈 많이 버는 것이 그것일까요? 물론 그것도 중요하겠지요. 하지만 진정한 기도 성취란 무심히 달빛에 감동할 줄 아는 것이 아닐까요. 그런 마음에 어찌 사악한 기운이 깃들 것이며, 타인과 비교하여 신세를 한탄하고 또 시샘하는 마음이 일겠습니다. 소욕지족, 이것이야말로 진정한 기도 성취가 아닐까요.

다담을 마친 후 우석 스님과 함께 금오산을 올랐습니다. 스님은 우리를 절과 정상 사이의 흔들바위로 데리고 갔습니다. 흔들바위는 일명 경전바위로도 불리는데, 거북등 같은 무늬를 가진 바위가 갈라져 누운 모습이 흡사 경전과 같았습니다.

경전바위 앞 너럭바위에서 향일암의 진면모를 봤습니다. 지붕만 보이는 전각은 삼성각, 대웅전, 종각, 관음전, 관음원(요사, 공양간) 순서로 바위와 동백 사이사이에 부채꼴을 이루며 펼쳐져 있었습니다. 바위와 전각과 동백의 조화는 절묘했습니다. 그리고 그 앞으로는 향일암의 진정한 앞마당이라 할 '한' 바다가 펼쳐져 있었습니다. 더없이 넓어서 '한바다'요, 차별 없는 한맛(一味), 깨달음의 '한바다'였습니다. 대지(大智)를 대해(大海)에 빗대는 까닭을 비로소 알겠습니다.

산에서 내려와 일주문에서부터 다시 걸어 올라봅니다. 어젯밤 찻길로 오른 것이 영 마음에 걸렸기 때문입니다. 한 걸음 한 걸음 내 허망한 육신의 무게를 다는 것 같은 돌계단이 끝날 즈음, 암문(巖門)이 열립니다. 어둠과 빛을 번갈아 가며 대웅전 앞에 서서 바다로 몸을 돌려 세웁니다. 내 마음 속 미망의 바다를 깨달음의 한바다로 흘려보냅니다. 그런 다음 대웅전 옆으로 바위 문을 지나 원효 스님의 수도처였다는 관음전과 해수관음상에서 다시 바다를 바라봅니다. 한결같습니다.

지금의 향일암은 조계종 제19교구 본사인 화엄사의 말사로 전라남도 문화재자료 제40호로 지정돼 있습니다. 하지만 지난 역사는 정확한 기록으로 전해오지 않습니다. 『여수군지』 및 『여산지』의 기록을 종합하면 원효 스님이 659년(선덕여왕 8)에 원통암이라는 이름으로 창건했고, 958년(광종 9)에 윤필 스님이 금오암으로 개명

했다 합니다. 그 까닭은 금오산(金鼇山, 323m)의 형상이 거북의 형상이기 때문이었다 하는데, 형상은 물론이거니와 바위의 육각 무늬도 흡사 거북의 등을 연상하게 합니다. 이후 1712년(숙종 38) 인묵 스님이 주석하면서 금오산 동쪽 기슭에 있던 암자를 현 위치로 옮기고 '해를 바라본다'는 뜻의 향일암으로 개칭하여 오늘에 이릅니다.

최근 들어 향일암은 일출 명소이자 관음기도 도량으로 이름이 높습니다. 남해 보리암, 강화 보문사, 양양 낙산사와 함께 4대 기도 도량으로 불린다 합니다. 하지만 내 생각은 조금 다릅니다. 3대니 4대니 하는 위계적 의미 부여도, 다른 절과의 비교도 별 의미가 없을 듯합니다. 향일암은 비교 불가능한 존재감으로 거기에 있습니다.

절문을 나서며 어젯밤의 화두를 다시 떠올려 봅니다. 언제 어디서건 매양 해는 떠오르는 법인데, 나는 왜 먼 길을 떠나 향일암을 가는가? 향일암이 내게 말합니다.

'네가 발 딛고 선 그곳에서 맞이하는 해를 온전히 네 것으로 만들어라. 그것이 향일(向日)의 참뜻일지니.'

진봉산 망해사

무상(無常)으로 영원한 바다를 본다

'김만경'이라는 이름을 들어보셨는지요. 사람 이름은 아닙니다. 한 글자를 더 붙여 '김만경뜰'이라고 하면 확실히 감이 올 겁니다. '김제·만경' 평야를 이곳 사람들은 그렇게 부르더군요. 이 고장 말로는 '징계 맹경 외애밋들'이라고 한답니다. 김제 만경의 너른 들을 일컫는 말입니다.

'바다를 바라보는 절' 망해사(望海寺). 하지만 그곳으로 가는 길에는 바다가 보이지 않습니다. 서해안고속도로 서김제 나들목에서 나와 만경읍을 거쳐 진봉면으로 가는 그 길은 들판 가운데로 나 있습니다. 우리나라 최대의 곡창지대인 호남평야의 정점인 만경평야를 가로지르는 길입니다. 가을걷이를 끝낸 텅 빈 들녘에는 청보리 싹이 하늘을 담고 있습니다.

차를 세우고 들판을 거닐어 봅니다. 바둑판의 금 같은 수로와 도로를 따라 선 전봇대가 솟대처럼 느껴집니다. 그것으로 하여 들판의 수평성은 무한히 확장됩니다. 점점이 흩뿌려진 듯한 집들은 상당히 이국적인 모습으로 다가옵니다. 땅덩어리가 얼마나 좁았으면, 하고 자조할 일은 아닙니다. 산이 워낙 많은 나라에 사는 탓이겠지요.

김제·만경평야의 밤. 달빛은 밤새워 들판을 걷고 싶게 만들었습니다.

다시 들판을 달리자 야트막한 구릉 사이로 망해사를 가리키는 화살표가 나타납니다. 초입은 소나무 숲길입니다. 짧지만 운치 그윽한 숲길이 허리를 낮출 즈음, 홀연히 한바다가 나타납니다. 그리고 그 곁에 망해사가 바다를 보고 앉아 있습니다. 한참을 달려온 들판의 느낌은 어느새 다 지워지고, 산과 바다와 절만이 한가롭습니다.

망해사는 작은 절입니다. 전각이라 해 봐야 주불전인 극락전과 낙서전(樂西殿), 종각 그리고 요사가 전부입니다. 절의 규모나 문화재에 관심을 둔 탐방객이라면 아주 실망할 수도 있는 절입니다. 하지만 참으로 절다운 절입니다. 그 절다움은 낙서전(樂西殿)으로 하여 선명해집니다. '해 지는 서쪽을 기꺼워한다'는 이 '거대한 소박' 앞에서 오늘 우리들의 '비만한 풍요'는 얼마나 초라한가요.

망해사가 등을 기대고 있는 진봉산은 구릉에 가깝습니다. 해발 고도라 해 봐야 72m에 불과합니다. 그렇지만 산기슭의 우람한 소나무들이 워낙 훤출하고 울울하여 깊은 산처럼 느껴집니다.

"진봉산요? 이곳에서는 얼마나 대단한 산인데요."

주지 정국 스님의 말입니다. 스님의 말대로 진봉산은 예로부터 대단한(?) 산이었습니다. 대동여지도에도 신증동국여지승람 만경현 조에도 진봉산이라고 분명히 적혀 있습니다. 절의 소재지인 진봉면의 이름도 이 산에서 비롯된 것입니다.

망해사는 산과 바다 혹은 땅과 물 사이에 있습니다. 그 사이에서, 인간이 온전히 자연에 깃들려면 어떻게 살아야 하는지를 일깨워 주고 있습니다. 다시 말하건대, '해 지는 서쪽을 기꺼워할 수밖에 없는(樂西)' 심미적 환기력으로 충만한 절이 바로 망해사입니다.

망해사는 시적인 절입니다. 자연이 빚은 절정의 시어(詩語)가 무시로 빛납니다.

그 몇 토막을 정국 스님으로부터 들었습니다. 차를 마시며 툭툭 던지듯 내뱉는 스님의 말투는 시인의 그것이었습니다.

"낙조는 해가 산을 넘고 난 뒤가 더 아름다워요."

문을 열고 밖을 내다보자 낙서전 뒤로 녹차의 뒷맛 같은 노을이 걸려 있습니다.

"가을부터 해가 작아지면서 더 해맑게져요. 겨울요? 회초리로 맞는 것 같은 싸한 바람 맛이 좋죠. 그것을 즐길 줄 모르면 살기 힘든 절이지요."

스님은 시인 기질 못지않게 선동가 기질도 다분했습니다.

"달은 보름보다 열나흘이 더 좋아요. 약간 모자란 듯하고 말랑말랑한 느낌이 더 좋지요."

우리는 밖으로 나올 수밖에 없었습니다. 마침 음력 10월 13일이어서 스님 말대로 약간 빈 달이 들판을 은빛으로 물들이고 있었습니다. 무작정 차를 몰고 들판을 가로질렀습니다. 광활면을 지나는 들판은 이름 그대로 광활(廣闊)했습니다만 한자는 廣活이라고 씁니다. 그런데 광활면 일대는 대부분 개펄이었는데 일제강점기 때 일본 사람들이 동진강 하구에 방조제를 쌓고 경작지로 만든 수탈의 현장이기도 합니다. 본디는 진봉면에 속해 있다가 해방 뒤 1949년에 광활면으로 분리됐습니다.

김제·만경평야는 해남 대둔산에서 발원한 만경강과 정읍 상두산에서 발원한 동진강이 남과 북을 감싸듯 흐르며 서해로 흘러드는 사이에 있습니다. 그리고 그 두 강이 만나는 곳이 바로 새만금입니다. 이제 새만금 방조제 공사가 끝나면 망해사 앞바다는 엄격한 의미에서 바다가 아닙니다. 물이 통하기는 한다지만 역동성이 거의 없는 바다가 되겠지요. 과거 동진강 방조제가 일인들의 수탈 행위였다면 21세기의 새만금 방조제는 문명의 수탈입니다. 망해사가 그것을 증언하고 있습니다. 후대의 사가들은 문명의 둑으로 막힌 새만금의 바다에서 21세기의 비극성을 보게 될 것입

망해사를 안고 있는 진봉산에서 바라본 징계 맹경 외매잇들(김제·만경평야)

망해사는 한가한 절입니다. 그러나 그 한가함을 즐길 뿐 탐하지는 않습니다. 풍경 소리 대신 밀물이 몰고 오는 바람소리가 그것을 말해주고 있습니다.

니다. 그나마 절망적이 않은 것은 완전히 물을 가두는 것은 아니라는 점입니다. 자연의 끝없는 생명력에 희망을 걸어 봅니다.

그런데 이 매력적인 곳에 처음 절을 세운 사람은 누구일까요. 통일신라시대인 754년(경덕왕 13)에 중국에서 온 중도(中道) 스님이 세웠다는 설도 있고, 백제 후기의 도장(道藏) 혹은 통장(通藏) 스님이 세웠다는 설도 있습니다. 현재 절에서는 671년(신라 문무왕 11)에 부설 거사가 세웠다고 밝히고 있습니다. 낙서전은 1589년(조선 선조 22)에 진묵 스님이 지은 이후 1933년과 1977년에 고쳐 지었고, 극락전은 1991년에 중창한 것입니다.

현재 절에서 부설 거사를 초창자로 여기는 것은 자연스러워 보입니다. 부설 거사가 도를 이룬 곳은 옆 동네인 부안 변산의 월명암이기 때문입니다. 불교사에는 전설적인 세 거사가 있습니다. 인도의 유마힐, 중국의 방온 그리고 한국의 부설 거사가 바로 그들입니다. "중생이 앓고 있으므로 나도 앓는다"는 대승 선언으로 널리 알려진 유마힐. 전 재산을 바다에 버리고 대바구니를 짜 생계를 유지하면서도 당대의 이름난 선사들을 통쾌하게 꺾어버린 선의 고수 방온. 이들 두 거사의 행적이 높게 빛난다면 부설 거사의 삶은 인간적으로 아름답습니다.

불국사로 출가한 부설 거사(당시는 거사가 아니었지만)는 도반 영희(靈熙)·영조(靈照) 스님과 함께 지리산·천관산·능가산 등지서 수행을 하다가 문수 도량을 순례하기 위해 오대산으로 향했습니다. 가던 길에 거사는 지금의 김제 만경의 두릉에서 구무원(仇無冤)이라는 사람의 집에 하룻밤을 묵게 되었습니다. 그런데 그때 18살이 되누록 벙어리로 살던 구 씨의 딸 묘화(妙化)가 서사의 법문을 듣고 말문이 터졌습니다. 묘화는 함께 살기를 간절히 희망했습니다. 그러나 거사는 단호히 거절했습니다. 묘화는 자살 기도로 거사의 뜻에 맞섭니다. 거사는 "중생이 앓고 있으므로 나도 앓는다"는 유마의 선언을 실천하기로 했습니다. 이후 아들 등운(登雲)과 딸 월명(月明)을 낳았습니다. 하지만 거사는 두 아이를 부인에게 맡기고 수도에 전념했습니다. 거사는 결코 성(聖)과 속(俗)의 경계에 매몰되지 않았습니다. 속에 처하되 그것에 물들지 않았습니다. 훗날 옛 도반 영희와 영조가 찾아와 도력 시험을 하였을 때, 대들보에 매단 물병을 깨뜨려 물을 떨어지지 않는 것은 거사의 것밖에 없었습니다. 살활(殺活) 자재의 경지에 든 것입니다. 거사는 다음과 같은 임종게를 남기고 좌탈하였습니다.

눈으로 보는 바 없으니 분별할 것이 없고
귀로 듣는 바 없으니 시비 또한 사라지네.
분별 시비는 모두 놓아 버리고
다만 마음 부처 보고 스스로 귀의할지라.
目無所見無分別
耳聽無聲絶是非
分別是非都放下
但看心佛自歸依

부설 거사가 바라봤을 그 바다를 지금 우리도 보고 있습니다. 물이 들 때는 시끄럽고, 물이 나가고 나면 호수 같기도 한 바다입니다만, 한 순간도 출렁거림을 멈춘 적이 없는 바다입니다. 무상(無常)으로 영원한 자연이 거기에 있습니다.

망해사는 한가한 절입니다. 그러나 그 한가함을 즐길 뿐 탐하지는 않습니다. 풍경소리 대신 밀물이 몰고 오는 바람소리가 그것을 말해주고 있습니다.

두륜산 **대흥사**

아홉 굽이 봄(春) 긴 골짜기에서 꽃비를 맞다

"뱁새가 깊은 숲 속에 둥지를 짓는다 해도 나뭇가지 하나를 넘지 않는다(鷦鷯巢於深林不過一枝)" 했습니다. 장자의 「소요유 편」에 나오는 말로, 천하를 맡아 달라는 요(堯) 임금의 청에 대한 허유(許由)의 답입니다. 가히 절대 자유의 경지에 노닌 사람에게서가 아니면 들을 수 없는 말이겠지요. 이런 경지는 부러워하는 것만으로도 벅찹니다.

대흥사 가는 날은 길마다 벚꽃이 한창이었습니다. 꽃 그림자를 밟으며, 때로는 흩날리는 꽃비를 맞으며 이것도 '소요유(逍遙遊)'려니 했습니다. 하지만 착각이었습니다.

대흥사 하면 일지암(一枝庵)과 초의(草衣) 스님을 떠올리지 않을 수 없습니다. 초옥을 짓고 살며 '풀로 옷을 삼는다'는 뜻의 '초의(草衣)'로 이름 짓고, 40년간 참선으로 일관한 그 '빛나는 남루' 앞에서 나의 소요유는 뱁새와도 비교할 바가 못 됐습니다.

초의 스님이 둥지로 삼았던 일지(一枝)는 말 그대로 '하나의 가지'가 아닙니다. 깊은 숲을 볼 줄 알았던 빼어난 안목이 소유자였던 그에게 '숲'과 '가지'는 하나입니다. 그에게서 선(禪)과 차(茶)가 하나(禪茶 一如)였듯이 말입니다.

대흥사 가는 날은 길마다 벚꽃이 한창이었습니다. 꽃 그림자를 밟으며, 때로는 흩날리는 꽃비를 맞으며 이것도 '소요유(逍遙遊)'려니 했습니다. 하지만······.

또한 초의 스님이 이룬 사람의 숲은 당대 최고의 높이를 보여줍니다. 다산 정약용을 비롯하여 추사 김정희, 자하 신위, 위당 신관호, 소치 허유 등이 바로 그들입니다. 특히 동갑이었던 추사와의 교분은 인간 관계의 가장 아름다운 형태를 보여 줍니다. 스님은 9년에 걸친 추사의 제주도 유배 동안 다섯 차례나 방문을 한 바 있는데, 그럼에도 불구하고 그는 스님도 답장도 보고 싶지 않으나 차(茶)만은 보내달라는 반 협박(?)투의 편지를 보내기도 했습니다. 초의 스님의 고매한 인격을 알게 하는 대목입니다.

고절한 인품의 향기와 넓고도 깊은 숲의 푸르름으로하여 아름다운 곳. 대흥사는 바로 그런 곳입니다. 나는 그 숲을 맘껏 탐하기로 했습니다. 뱁새의 지족(知足)은 분명 내 몫이 아님을 잘 아는지라, 공연한 도인놀음도 관심 저편으로 밀쳐버렸습니다.

대흥사의 들머리는 장춘동(長春洞)입니다. 우리말로 풀면 '긴 봄 골'이 되겠지요. 두륜산에서부터 길게 흘러내리는 골짜기의 시린 기운이, 봄조차도 오래 머물렀다 가게 하는 모양입니다. 그래서 대흥사는 예로부터 '십리 숲길'로 이름이 높았습니다. 그 숲길은 '구림구곡(九林九曲)'으로 불렸습니다. 아홉 번 굽이도는 숲이라는 말이겠지요. 실제로 그 길을 따르다 보면 대웅보전까지 8번 물을 건너게 되는데(물론 다리로) 아홉 번 굽이가 틀림없는 셈입니다. '구림구교(九林九橋)'라는 별칭은 그것에서 비롯된 것입니다.

초록의 동굴 같은 대흥사 숲길을 제대로 느끼려면 찻길을 버리고 산책로를 따라 걸어가는 것이 옳습니다. 매표소에서 찻길 오른쪽으로 '걸어서 가는 길'이라는 팻말이 가리키는 대로 따르면 됩니다. 반대로 절을 나서며 이 길을 걷고자 하면 피안교를 지나 왼쪽으로 '산책로'라는 안내판이 길을 일러 줍니다.

계류와 나란히 또는 출렁다리로 계곡을 건너기도 하는 이 길은 동백, 소나무, 왕벚

고절한 인품의 향기와 넓고도 깊은 숲의 푸르름으로하여 아름다운 곳, 대흥사.

나무, 편백, 삼나무, 서어나무, 떡갈나무, 단풍나무, 대나무, 배롱나무 등 남도에서 자라는 대부분의 나무를 어루만지면서 걸을 수 있습니다. 30분 정도 걸리는 이 길을 만약 혼자 걷는다면, 우리네 일상이 단 30분 정도도 온전한 자기만의 시간을 허용하지 않았다는 사실을 깨닫게 될 겁니다. 혹 함께 걷고 싶은 누군가가 떠오른다면 필시 그 사람은 가장 편하거나 소중한 그 누군가일 테지요. 이 길을 걷는 것만으로도 나는 거의 하루를 다 바친 시간과 얼마간의 돈이 하나도 아깝지 않았습니다.

대흥사 숲길의 그윽하면서도 생동감 넘치는 풍정은 두륜산(703m)으로 계속 이어집니다. 그 분위기는 두륜산의 본디 이름인 '한듬'이라는 말을 통해서도 느낄 수 있습니다. 국토의 최남단에 불쑥 솟아 있어서 그런 이름을 얻게 된 모양인데 후에 한자와 섞어 '대듬'이라 부르다가 나중에는 대둔(大芚)이라고 바뀌었습니다. 물론 절 이름도 '한듬절'에서 '대둔사'로 바뀌었습니다. 그러다가 언제부턴가 중국 곤륜산이 백두산으로 흐르고 그 맥이 이곳까지 뻗었다 하여 백두산과 곤륜산에서 한자 씩 따서 두륜산(頭崙山)이라 불렀습니다. 그런데 일제 때 지명을 새로 고치면서 '륜(崙)'자를 '륜(輪)'로 바꾸고 절 이름도 대흥사로 바꾸었습니다. 일제로서는 곤륜산과 맥을 같이 하고 있다는 발상이 못마땅했던 모양입니다. 그래서 몇 년 전에는 절 이름을 '대둔사'로 되돌렸는데 사람들의 입에 쉽게 붙지 못하고 혼동을 일으켜 지금은 다시 대흥사로 부르기로 명토 박았습니다.

'한듬' 혹은 '대듬'으로 불린 두륜산의 풍광은 서산 대사의 말에 잘 표현돼 있습니다.

"(두륜산은) 기화이초가 항상 아름답게 피어 있고 옷감과 먹을 것이 끊이지 않는다. 내가 보건대 두륜산은 모든 것이 다 잘 될 만한 곳이다. 북으로 월출산이 이어져 있고 동의 천관산과 서의 선은산이 홀연히 마주 솟아 있다. 바다와 산으로 둘러싸여

천불전 안의 나한들.

금당천 건너 북쪽의 대웅보전.

있으며 골짜기는 깊고 그윽하니 이곳은 만세토록 훼손되지 않을 땅이다."

이렇게 말을 하고도 모자랐던지 서산 스님은 제자들에게 자신의 의발을 이곳 대흥사에 전하라는 유언을 남겼습니다. 그래서 제자인 사명당 유정은 스승의 임종 후 사리는 묘향산 보현사에, 영골은 금강산 유점사에, 금란가사와 발우는 이곳 대흥사에 봉안하였습니다. 사산평(四山評)으로 널리 알려졌듯이 서산 스님의 묘향산 사랑은 유별난 데가 있었는데 뜻밖에도 그 사랑의 궁극처는 두륜산이었는가 봅니다.

큰 인물의 덕화는 큰 나무의 그것과 같아서 후세에 미치는 바가 두루 큽니다. 서산 스님의 문도 가운데 13대종사와 13대강백이 이곳 대흥사에서 배출된 것으로도 알 수 있는 일입니다. 배불(排佛)이라는 시대적 흐름마저도 어찌할 수 없을 정도로

서산 스님의 덕은 넓고도 높았습니다. 13대종사와 13대강백을 일일이 거명할 수 없지만 그 중 한 사람 초의 스님은 다시 거론하지 않을 수 없습니다.

사실 대흥사는 창건 시기와 창건주도 정확히 전해오지 않지만 분명한 것은 서산 스님의 의발이 전해지고부터 선교(禪敎)의 총본산이 되었다는 점입니다. 그리고 13대 종사인 초의 스님에 이르러 다시 크게 일어났습니다. 초의 스님은 서산 스님의 유지를 이어 선(禪)과 교(敎) 둘 아님을 주장했고, 동다송(東茶頌) 같은 명저를 지어 끊어져 가던 차문화의 맥을 이었습니다.

이미 말했듯이 대흥사의 정확한 창건 내력은 알 길이 없습니다. 대흥사의 창건 등의 역사를 기록한 것으로는 『죽미기』, 『만일암고기』, 『북암기』가 있습니다. 이들 중 『만일암고기』는 426년(백제 구이신왕 7) 정관 존자가 산내암자인 만일암을 창건하고 이름 모를 비구가 중건하였다 하고, 『죽미기』는 544년(신라 진흥왕 5) 아도 화상 창건설과 자장 스님과 도선 스님의 중건설을 전하고 있습니다. 그러나 1823년(순조 23)에 간행된 『대둔사지』는 앞선 기록들을 검토하면서 근거 없는 것이라고 지적합니다. 마라난타에 의해 백제에 불교가 들어오기 전에 신라의 아도 화상이 백제의 절을 세웠을 리가 없는 등의 이유를 들고 있습니다. 한편 『대둔사지』의 자료를 조사했던 아함 화상의 주장은 신라 말 창건인데, 현재 응진전 앞의 삼층석탑의 조성 연대가 통일신라 말로 추정되는 만큼 최소한 통일신라 말 이전에 창건된 절로 볼 수 있겠습니다.

이름 없는 스님이 초라한 암자로 창건했건, 유명한 고승이 창건했건, 그런 것들은 별로 중요해 보이지 않습니다. 서산 스님의 안목과 초의 스님의 중흥 그리고 현재의 아름다운 숲만으로도 대흥사는 보배로운 절입니다. 나는 나무 한 그루 풀 한 포기 모두가 이 절을 거쳐 간 역대 조사의 현현으로 느낍니다.

대흥사의 가람 배치는 크게 네 영역으로 나뉘어져 있습니다. 금당천 건너 북쪽의 대웅보전 영역과 남쪽 둔덕의 천불전, 서산 스님의 사당인 표충사(表忠祠), 그리고 현재 선원으로 쓰이는 대광명전 영역이 바로 그것입니다. 크게 보면 금당천의 남북 두 영역으로 볼 수도 있는데 두 공간을 이어주는 다리는 심진교(尋眞橋)입니다. 그런데 대웅전에서 침계루를 지나 심진교를 건너면 남원 영역으로 둔덕이 석축으로 시야를 가리는데 바로 그곳에 절묘하게 구부러진 향나무 한 그루가 서 있습니다. 그 나무로 하여 제법 높은 그 석축이 주는 폐쇄감이 상당히 누그러집니다. 옛 스님들은 나무 한 그루도 허투루 심지 않았습니다.

현존하는 대흥사의 문화재는 응진전 앞 삼층석탑(보물 제320호), 북미륵암의 마애불(보물 제48호), 북미륵암 삼층석탑(보물 제301호), 탑산사 동종(보물 제88호) 등이 있고 표충사 일원이 기념물 제19호로 대흥사 일원이 문화재 자료 제18호로 지정돼 있습니다.

하지만 내게는 이런 보물들보다 대흥사의 숲과 두륜산의 신록이 더 소중하게 다가왔습니다. 숲 예찬이 과하다는 나무라실지 모르겠지만, 긴 봄(長春) 10리 숲길과 산벚꽃 고운 두륜산 자락에서 나는 분에 넘치는 안복(眼福)을 누렸습니다.

봉미산 신륵사

한강 가에서 희망의 거처를 묻는다

　한강의 맨얼굴을 보고 싶어 신륵사를 찾았습니다. 강바람이 등 떠미는 대로 어슬렁거리고 싶기도 했습니다.
　대부분의 사찰이 산속에 있지만 신륵사는 큰 물가에 있습니다. 강을 굽어보는 사찰은 더러 있지만 신륵사처럼 한강에 바투 앉아 그것을 마당삼은 절은 없습니다. 그래서 신륵사는 한때 '등대'였습니다.
　오늘날처럼 육로 운송이 발달하기 전 한강은 서울과 충주를 잇는 아주 요긴한 뱃길이었습니다. 강원도와 충청도의 물산을 실어나르기도 했고, 사대부의 유람선은 시(詩)를 낚기도 했습니다. 사대부들에게 뱃놀이는 풍류였겠지만 목숨을 부지하기 위해 물길을 오갔을 사람들에게는 이승과 저승이 맞닿은 곳이었을 것입니다. 순간 순간 무사안녕을 빌 수밖에 없었겠지요. 그런 사람들에게 신륵사는 안도의 한숨을 내뱉게 하는 '등대'였음이 분명합니다.
　서구의 방법론에 기초한 지리학에서 말하는 강은 하구에서부터 가장 먼 발원지까지를 말합니다. 한강의 경우 태백의 검룡소에서 서해에 이르는 물줄기가 그것입니다. 하지만 우리의 강은 크고 작은 젓샘을 간과하지 않습니다. 발원과 하구라는 완결성을 갖추지 못한 일정 부분에도 당당히 이름을 달아 줍니다. 북한강, 남한강은 물론이거니와 동강, 서강, 홍천강, 소양강이 그러합니다. 다 같이 한강이라는 이름의 한몸이지만 지나는 고을에 따라 독자적인 이름을 갖는 것입니다. 여강(驪江)이라는 이름도 그중 하나입니다. 한강의 상류인 남한강이 충주를 거쳐 여주를 지날 때, 여강이라는 이름을 얻습니다.

여주읍에서 신륵사로 가기 위해서는 여주대교를 건너야 하는데, 다리를 건너기 직전에 마암(馬岩)이라는 바위를 볼 수 있습니다. 바로 그 바위에 얽힌 전설은 여주와 신륵사를 이해하는 좋은 단서가 됩니다.

고려 우왕 때, 마암에서 용마(龍馬)가 나와 사람들을 물어뜯곤 했답니다. 날로 민심이 흉흉해지자 고려 왕사인 나옹(懶翁) 스님이 지금의 신륵사에서 신묘한 굴레(勒, 재갈을 말함)를 가져와 용마에 씌웠더니 거짓말처럼 순해졌다고 합니다. 그래서 신륵사라는 이름이 비롯됐다는데, 신묘한 굴레(神勒)로 용마를 길들였다는 것입니다. 조금 다른 전설은 고려 고종 때의 일로 전해옵니다. 절 건너 마을에 걷잡을 수없이 사나운 용마가 나타나서 사람들을 공포에 떨게 하자 인당(印塘) 대사가 나서서 고삐를 잡으니 곧 순해졌다고 합니다. 신력(神力)으로 용마를 제압하였다 하여 절 이름을 신륵사라 했다는 것입니다.

여주라는 이름도 이와 비슷한 전설을 간직하고 있습니다. 여주의 옛 이름 중 하나가 황려현(黃驪縣)인데, 물에서 황마(黃馬)와 여마(驪馬)가 나왔다 하여 고을 이름을 '황려' 라 했다는 것입니다.

다소 얘기가 장황해졌습니다만, 한가롭게 옛이야기를 즐기자는 뜻은 아닙니다. 여기서 우리는 신륵사를 말함에 있어 빼 놓을 없는 두 가지 키 워드를 발견할 수 있습니다. 고려 말의 고승인 '나옹(懶翁)' 스님과 여마(驪馬) 즉 '검은 말' 이 바로 그것입니다.

대부분의 사찰이 산속에 있지만 신륵사는 큰 물가에 있습니다. 강을 굽어보는 사찰은 더러 있지만 신륵사처럼 한강에 바투 앉아 그것을 마당삼은 절은 없습니다. 그래서 신륵사는 한때 '등대'였습니다.

먼저 나옹1376) 스님과의 인연부터 살펴보겠습니다. 양주 회암사에 주석하던 중 왕명으로 밀성(密城, 지금의 밀양)의 영원사로 옮겨 가다 신륵사에서 열반에 들었습니다. 이로부터 신륵사는 주목을 받기 시작합니다. 당대 최고의 선지식이 생을 마감한 곳이었기 때문입니다. 사실상 신륵사는 그것을 계기로 역사의 전면에 등장했다고 봐도 과언이 아닙니다. 원효 스님이 창건했단 얘기가 전하기도 하지만, 경내의 유구 중 삼국시대는 물론 통일신라 때의 흔적을 보여 주는 것이라고는 없으므로 거의 신빙성이 없다고 봐야 할 것입니다.

잠시 나옹 스님의 행적을 더듬어 보겠습니다. 20세에 친구의 죽음을 계기로 출가한 후, 회암사에서 깨달음을 얻고 28세에 원나라로 가 인도의 고승 지공으로부터 법을 이어받아 황제에까지 설법을 합니다. 39세에 귀국하여 42세에 왕실에서 법을 설했고 52세에는 왕사가 됩니다. 이런 걸출한 인물이 생을 마감한 곳이니 당연히 주목을 받았을 것입니다.

다음으로 여마(驪馬)의 의미를 살펴보겠습니다. 우선 '검은 말'을 한강의 물줄기 혹은 한강의 범람을 상징하는 것으로 읽을 때, 신륵사의 창건 동기는 좀더 선명해집니다. 홍수 때마다 범람의 위험을 감수해야 하는 불리한 입지는 국토의 빈 곳을 채우는 비보(裨補)사찰의 성격을 분명히 보여 줍니다. 강 기슭에 우뚝한 전탑을 세우고 넘치는 물을 누르려 했음이 그것인데, 또한 그 곁 나옹 스님의 다비처에 세워진 삼층석탑이 무게를 더하니 당대 백성들에게는 커다란 위안이 됐을 것입니다. 그 시절 신륵사는 벽절로 불리기도 했습니다. 강가에 우뚝한 벽돌탑

나옹 스님의 다비처에 세워진 삼층석탑.

(塼塔)은 녹음이 무성한 이 즈음에도 강 건너 멀리까지 모습을 드러냅니다. 뱃길을 오가는 이들에게는 '등대'이자 '희망'의 거처였을 것입니다.

조선조에 들어 신륵사는 억불의 상황에서도 최고의 흥성을 이룹니다. 영릉 즉 조선 4대왕인 세종과 소헌왕후의 무덤이 광주(廣州) 대모산에서 여주로 옮겨오자(예종 1년, 1469) 그것을 돌보는 능침(陵寢)사찰로 지정됐기 때문입니다.

신륵사의 대표적 문화재는 현존하는 유일의 고려시대 벽돌탑으로 추정하는 다층전탑(보물226호)일 것입니다. 감히 저는 강가에 선 이 탑이야말로 일주문의 구실을 한다고 생각합니다. 배가 주요 교통수단이었던 때에는 필시 조포나루에서부터 이곳으로 진입했을 것입니다. 그래야만 구광루를 지나 주불전인 극락보전으로 곧장 향할 수 있기 때문입니다. 그러나 지금은 강변과 평행을 이루며 사역의 측면으로 진입하여 90도로 꺾어 중심 영역으로 듭니다.

극락보전의 앞에는 다층석탑(보물225호)이 자리잡고 있는데, 그 재질이 화강암이 아니라 흰 대리석인 것이 특이합니다. 탑 좌우로는 적묵당과 심검당이 자리함으로서 'ㅁ자 형'의 중심 공간이 형성됩니다. 극락보전의 서북쪽으로 지형에 순응하여 이루어진 또 하나의 영역에는 명부전과 조사당(보물180호)이 자리하고 있습니다. 조사당에서 북서쪽 송림 사이로 난 계단을 오르면 나옹 화상의 부도인 보제존자석종(보물228호)과 석종비(보물229호), 석등(보물231호)을 만날 수 있습니다. 비록 봉미산(鳳尾山, 155m)이 구릉에 가까운 형국이나 그래도 산은 산, 지금처럼 숲이 무성한 때가 아니라면 멋진 한강 조망이 가능했을 것 같습니다.

냉큼 발길을 돌려 세우기가 허전하여 다시 강가로 나갔습니다. 봉황의 꼬리에 앉은 강월헌(江月軒)에 기대어 하염없이 강물을 내려다 봤습니다. 강물은 무심하건만 바라보는 이의 마음은 그와 같지 않았습니다. 뱃길이 무의미해진 지금, 전탑 또한 더 이상 등대는 아닌 듯싶었습니다. 그렇다면 과연 이 시대의 등대는 무엇일까요. 산천은 그대로인데 인걸은 간 데 없다 해도, 역시 등대는 사람밖에 없겠지요. 진인(眞人)이 그리운 오늘입니다.

냉큼 발길을 돌려 세우기가 허전하여 다시 강가로 나갔습니다. 봉황의 꼬리에 앉은 강월헌(江月軒)에 기대어 하염없이 강물을 내려다 봤습니다. 강물은 무심하건만 바라보는 이의 마음은 그와 같지 않았습니다. 뱃길이 무의미해진 지금, 전탑 또한 더 이상 등대는 아닌 듯싶었습니다. 그렇다면 과연 이 시대의 등대는 무엇일까요. 산천은 그대로인데 인걸은 간 데 없다 해도, 역시 등대는 사람밖에 없겠지요. 진인(眞人)이 그리운 오늘입니다.

청량산 청량사

산봉우리를 부처와 보살로 모신 절

청량월(淸凉月)이라는 말이 있습니다. 부처를 일컫는 말 가운데 하나입니다. 청량한 달에 부처를 빗댄 것이겠지요. 청량사(淸凉寺)를 찾은 날이 마침 한가위여서 자연스럽게 그 말이 떠올랐습니다.

산과 짝하여 어울리지 않는 절이 있겠습니까만, 청량산과 청량사의 관계는 '이것과 저것'의 경계를 지우며 온전히 한몸을 이룹니다. 청량산이라는 이름은 중국 화엄종의 성산인 청량산에서 온 것입니다. 자장 스님이 당나라로 유학 가서 문수보살을 친견했다는 오대산이 바로 청량산입니다. 따라서 개산 당시 청량사의 신앙 정체성은 문수도량으로 봐야 할 것이며, 33개의 암자가 들어 찬 신라 불교의 요람이었다 함도 허언은 아닐 것입니다. 하지만 지금의 청량사는 가파른 산 기슭에 깃든 작은 절입니다. 그러나 결코 지금의 모습이 쇠락의 결과만은 아닐 것이라는 확신이 듭니다. 산세로 미루어 볼 때, 흥성했던 시절에도 지금보다 더 큰 규모일 수 없는 입지이기 때문입니다. 여기서 우리는 고인들이 산을 바라본 태도를 감득할 수 있습니다. 산 자체를 깨달음의 집으로 삼고 봉우리들을 부처와 보살의 현신으로 여겼다는 점입니다.

몇 구비 돌아 오르면 깎아지른 듯한 산허리에 기대앉은 유리보전이 가슴을 활짝 열고 있습니다.

청량사의 창건 시기나 창건주에 대해서는 명확한 기록이 없습니다. 전해오는 바에 의하면 신라 문무왕 3년(663)에 원효 스님이 창건했다는 설과 의상 스님이 창건했다는 설이 양립하고 있습니다. 그런데 그 시기에 의상 스님은 중국에 있었으므로 원효 스님 창건설이 좀더 설득력이 큽니다. 하지만 그렇게 확정하기도 무리인 것이, 창건 시기가 명확하다고 볼 수 없을 뿐 아니라 의상 스님 쪽에 무게가 실릴 단서도 많기 때문입니다. 우선 청량산의 주봉이 의상봉(870.4m)이라는 사실에 주목하지 않을 수 없습니다. 자료에 따라서는 주봉을 장인봉(丈人峯)이라 하기도 합니다만, 그것은 소수서원을 세운 주세붕이 청량산을 둘러본 뒤 중국 태산의 장악(丈嶽)을 본떠 바꾸어 놓은 모화사상의 결과일 것입니다. 또 인근의 고찰인 영주 부석사나 울진 불영사의 창건주가 의상 스님인 점도 의상 창건설에 무게를 싣습니다. 이에 더하여 청량산이 화엄종의 성산인 점도 간과할 수 없습니다. 의상 스님은 중국 화엄종의 2조인 지엄(智儼)의 종통을 이었기 때문입니다. 사정이 이렇고 보니 지금의 청량사에서는 원효, 의상 두 스님의 원력으로 창건된 절이라는 중재안을 내 놓고 있습니다. 동의하지 않을 수 없습니다. 원융과 회통이 곧 화엄의 정신이기 때문입니다.

　앞서 얘기했듯이 청량산에 드는 일이 청량사 도량을 밟는 일이고, 청량사를 찾는 일은 청량산을 오르는 일이기도 합니다. 설사 바쁜 걸음이어서 후딱 절 지붕만 돌아보고 내려와도 반쯤은 산행을 한 셈입니다. 청량사가 앉은 자리가 해발 650m 쯤이니 웬만한 봉우리 하나는 오른 셈입니다.

　청량산은 코앞으로 다가가기 전부터 탄성을 자아내게 합니다. 영주에서 봉화를 지나는 36번 국도를 달리다 안동 방향 35번 국도로 길을 바꾸면 낙동강 줄기가 길잡이를 해 줍니다. 이쯤에서 잠시, 앞서 이 길을 걸었던 옛 사람의 눈길을 좇아 봅니다. 이중환의 택리지에 보이는 구절입니다.

"청량산은 태백산의 줄기가 들에 내렸다가 예안 강가에서 우뚝하게 맺힌 것이다. 밖에서 바라보면 다만 흙 묏부리 두어 송이뿐이다. 그러나 강을 건너 골 안으로 들어가면 사면에 석벽이 둘러 있고, 모두 만 길이나 높아서 험하고 기이한 것이 형용할 수가 없다."

실로 그렇습니다. 이중환의 표현에서 빼고 보탤 게 없습니다. 소백과 태백, 이른바 양백의 명성에 가려 있고 그 넓이가 48.76평방킬로미터에 불과하지만 아름다움만큼은 어디에 견주어도 손색이 없습니다.

낙동강 자락을 따라 흐르다 광석나루터에서 다리를 건너 매표소를 지나면 청량산이 머리 위에 걸립니다. 작은 봉우리라도 볼라치면 머리를 하늘로 세워야 합니다. 곧추 서 있기 때문입니다. 절로 오르는 길도 벌떡 서 있습니다. 마치 하늘로 오르는 계단인 양 가파르기가 코방아를 찧을 듯합니다. 그렇게 한참을 올라도 절은 추녀도 보여주지 않습니다. 연꽃잎 같은 봉우리에 둘러싸여 있기 때문입니다. 하지만 바로 그 점이 청량사를 제대로 느끼게 해 줍니다.

청량사는 '발견의 즐거움'을 깨치며 가야 할 절입니다. 그 첫째, '풍경(風磬)소리'를 듣는 일입니다. 길옆으로 흘러내리는 계곡 물소리를 풍경소리로 바꿔 듣는 것입니다. 풍탁(風鐸)이라고도 불리는 풍경은, 건물로 날아드는 날짐승들에게 사람이 오가는 곳임을 알리는 기능을 한다고 합니다. 하지만 저는 달리 해석을 합니다. 고요(靜)도 집착할 일은 아니라는 경책으로 풍경소리를 듣습니다. 따라서 계곡 물소리를 풍경소리로 여기는 것은, 움직임 가운데서 고요(動中靜)를 느끼는 일입니다. 본시 절을 찾는다는 것이 그런 일이 아니던가요.

이렇게 몇 구비 돌아 오르면 깎아지른 듯한 산허리에 기대앉은 유리보전이 가슴을 활짝 열고 있습니다. 여기서부터 두 번째 발견의 즐거움이 기다리고 있습니다.

그것을 느끼기 위해서는 자주 멈추어 서서 몸을 돌려세워야 합니다. 그러면 조금씩 오를 때마다 새롭게 변하는 청량산의 얼굴을 마주할 수 있습니다.

아라한. 마땅히 공경 받을 만한. 인간의 얼굴을 한 성자.

청량사의 주불전은 유리보전입니다. 모든 중생의 병을 다스리는 약사여래를 모신 집입니다. 금물을 올려놓았지만 종이로 조성한 불상입니다. 좌우로 문수·지장보살이 협시하고 있습니다. 그런데 재미있는 사실은 지장보살의 키가 약사여래보다 크다는 점입니다. 만중생을 다 건질 때까지 부처되기를 미룬 지장보살의 원력을 상징하는 것이라고 멋대로 상상하였으나, 나중에 주지 스님(지현)으로부터 폐사가 된 산내 암자에서 옮겨온 것이기 때문이라는 설명을 들었습니다. 그러나 약사여래는 한번도 자리를 옮긴 적이 없다 합니다.

사실 청량사의 참모습은 건물에 있는 것이 아닙니다. 만약 이 절에서 가람 배치나 건물 양식 운운한다면 미련한 학구열일 것입니다. 이미 얘기했듯이 봉우리 하나하나를 불보살의 처소로 살필 줄 아는 발상의 전환이 필요합니다. 그리고 거기에 깃든 역사의 숨결을 살피는 것, 세 번째 발견의 즐거움입니다.

청량사는 오른쪽(서) 연화봉으로부터 뒤(북)로는 보살봉, 왼쪽(동)으로 경일봉을 지나 동남쪽 방향으로 금탑봉으로 둘러싸여 있습니다. 그리고 맞은편 계곡 너머로 축융봉이 우뚝 솟아 있습니다. 풍수적 안목이 조금도 없는 사람이라도 연꽃봉우리의 가운데에 청량사가 자리하고 있음을 알게 됩니다.

청량산 청량사 111

세속과 거리를 둔 이들이 쉬는 법.

유리보전에서 응진전에 이르는 길은 청량사와 청량산의 전모를 가장 쉽게 살피게 합니다. 경일봉의 서쪽 기슭을 밟으면 퇴계 이황이 성리학을 연구하며 도산십이곡을 완성했다는 청량정사와 산꾼의 집이라는 현판이 붙은 오산당이 나옵니다. 이곳을 지나쳐 경일봉 기슭으로 오르면 신라 명필 김생이 필법을 깨쳤다는 김생굴입니다. 해 이울 때면 금물을 들인 탑처럼 보인다는 금탑봉 북서쪽 길은 하늘 위에 걸려 있습니다. 기울기 90도가 넘는 기슭 위로 길이 열려 있기 때문입니다. 고소 공포증이 있는 사람은 내려다 보는 일은 삼갈 일입니다. 그러나 서쪽으로 눈길을 주면 연화봉에 기댄 청량산의 전경과 낙동강 물줄기가 한눈에 들어옵니다. 조금 더 가면 최치원이 마시고 총기가 배가하였다는 총명샘을 지나 응진전에 이릅니다. 응진전의 조망도 참으로 빼어납니다. 맞은편 축융봉 기슭의 청량산성은 고려 공민왕이 홍건적의 침입(1361년)을 피해 머물렀던 곳입니다.

나머지 발견의 즐거움은 시간에 맡겨야 합니다. 봄 신록, 여름 녹음이야 우리나라 산 어디고 아름답지 않은 곳이 없다 하지만, 붉은 단풍과 노란 단풍의 절묘한 조화는 이곳을 따를 곳이 없다 합니다. 그리고 겨울, 골산(骨山)의 진면목을 드러내는 설경은 산악미의 절정을 보여준다는 것이 16년간 절을 지킨 지현 스님의 전언입니다.

언제 가 봐도 산과 절이 이룬 최고의 조화를 보여 주는 절이 청량사입니다.

자연을 담은 집

막돌 기단과 구부러진 기둥으로 지어진
절집 마당에 서면,
우리 모두가
하늘 아래
땅 위의
오직 한 사람이 된다.

운주사는 분명 미완의 도량입니다. 하지만 나는 그것을 '미완(未完)의 완(完)'이라 믿습니다. 자연 그대로를 부처의 몸이라고 믿은 사람들의 천진(天眞)한 마음이 부처로 화현한 땅 운주사. 그곳의 못생긴 부처님이 우리에게 말합니다. '네 마음속 천진이 바로 메시아'라고.

천불산 운주사

저절로 솟아오른 탑과 천진불(天眞佛)의 땅

돌부처를 만드는 사람들은 자신들의 행위를 이를 때, '깎는다' 혹은 '조각한다'고 말하지 않습니다. '털어낸다'고 합니다. 처음 이 말을 들었을 땐 참 재미있는 직업 사투리라고만 생각했습니다. 돌을 깎아내는 그 무거운 노동을 마치 '먼지 터는' 일인 양 아무렇지도 않게 말하는 무심(無心)도 참 멋있어 보였습니다. 그러나 그 말의 밑자리 깊숙이 깔린 오의(奧義)를 이해하는 데는 그리 긴 시간이 필요치 않았습니다. '본래 바위 속에 있는 부처를 드러내는 일'이 곧 돌부처를 만드는 일이라는 얘기였습니다. 이 말은 모든 중생의 마음속에는 부처의 싹이 있다는 '여래장(如來藏)' 사상과 맞닿습니다.

천불천탑(千佛千塔)으로 널리 알려진 운주사에서 '돌을 털어내어' 부처를 드러낸 천년 전 석수(石手)들의 무심을 봅니다. 그 무심, 45년간 장광설을 해 놓고도 끝내는 '한 마디도 한 바 없다(一字不說)'고 한 석가모니 부처의 거대한 시치미떼기와 많이도 닮았습니다. 나도 흉내 내어 이렇게 말해 봅니다. '운주사에서 나는 저절로 솟아오른 탑과 또 그렇게 모습을 드러낸 부처를 만났다.'

운주사는 수수께끼와 미스터리로 가득 찬 공간입니다. '누가, 왜, 언제' 그 많은 탑과 불상을 만들었는지를 알 수 없기 때문입니다. 그래서 이에 대한 해석도 범람합니다. 그럴수록 신비성만 더 깊어질 뿐입니다.

운주사의 역사와 창건 배경에 관한 추정과 주장의 난무 속에서 나름대로 내린 결론은 이렇습니다. 자신의 눈으로 맘껏 상상의 날개를 펼쳐볼 것. 비전문가의 무식한 용감이라는 타박을 들을지 모르겠지만, 고고학적 해석과 미술사적 탐구의 중요성과는 별개로 운주사 느끼기의 한 방법이라고 생각합니다.

우선 천불천탑의 조성과 관련된 설화 한 토막을 보겠습니다.

"도선 국사가 하루 낮밤 동안 천불천탑을 세울 적에 맨 마지막에 와불(臥佛)을 일으켜 세우려 했는데, 공사에 실증을 낸 동자승이 거짓 닭 울음소리를 내는 바람에 하늘에서 내려온 석공들이 날아가 버려 와불만 누운 상태로 남게 되었다."

지극히 신비적입니다. 물론 후대에 만들어진 얘기입니다. 1984년부터 1991년까지 이루어진 전남대 박물관의 4차례에 걸친 발굴조사와 2차례의 학술조사 결과 초창 상한 연대를 11세기로 추정하는데, 도선 국사의 활동시기는 9세기이기 때문입니다. 그런데 왜 이런 이야기가 만들어졌을까요? 도선 국사의 권위에 기댄 것이겠지요. 또한 도선 국사의 권위는 또 다른 창건 설화를 낳습니다. 이른바 도선 풍수의 핵심개념인 '사탑비보(寺塔裨補)'에 근거한 설화입니다. 사탑비보란, 절과 탑을 세워 국토의 모자라고 빈곳을 돕고 채우는 것을 말하는데 이에 따른 설화는 다음과 같습니다.

도선 국사가 보기에 우리 땅의 생김새는 '달리는 배(行舟)'의 형국인데 큰 산줄기가 동해로 치우쳐 국토의 정기가 일본으로 새 나가기 때문에 이곳 화순 땅 운주사에 천불천탑을 세웠다는 것입니다. 고려 초기 건국의 이념적 배경으로 내세워졌던 비보설(裨補說)이 투영된 설화로 보는 것이 마땅할 것 같습니다.

"도선 국사가 하루 낮밤 동안 천불천탑을 세울 적에 맨 마지막에 와불(臥佛)을 일으켜 세우려 했는데, 공사에 실증을 낸 동자승이 거짓 닭 울음소리를 내는 바람에 하늘에서 내려온 석공들이 날아가 버려 와불만 누운 상태로 남게 되었다."

그런데 운주사가 우리에게 던지는 많은 수수께끼 가운데서도 가장 흥미로운 것은 왜 와불을 일으켜 세우지 않았냐는 것입니다. 이에 대한 해석학적 충동은 급기야 "와불이 일어서는 날 천지가 개벽할 것"이라는 혁명적 상상력으로 절정을 이룹니다. 한번도 태평성대를 맞아본 적이 없었던 민초들의 간절한 바람의 소산이겠지요.

이렇듯 운주사는 끊임없이 우리의 상상력을 춤추게 했습니다. 창건과 관련된 오늘날의 학문적 해석도 다채롭습니다. 간단히 살펴보겠습니다. 능주 지방의 호족 세력에 의한 창건(박경식), 능주 지방으로 이주해 온 이민족 집단의 창건(신영훈) 등이 창건 주체에 관한 추론입니다. 신앙 정체성이나 성격에 대해서도, 천민들과 노비들의 미륵공동체(박태순), 세계 역사상 유례가 드문 중세시대 천민 노비들의 해방구(힐트만), 도교사원(신영훈), 밀교사원(고유섭), 민간 기복처(문경화), 의상의 법성게도(法性偈圖)의 밀교적·민속적 전개(홍윤식), 몽고 침략을 물리치기 위한 백고도량(百高道場, 최완수)이라는 다양한 견해가 나와 있습니다.(이상은 '빛깔 있는 책'의 운주사편 요약 재인용) 최근에는 몽골군에 의한 조성(소재구)이라는 새로운 주장도 나왔습니다. 하지만 이런 추정과 주장들이 나름의 이론적 근거를 들지만 실증 단계에서는 추론에 불과하다는 것이 발굴 조사에 바탕을 둔 견해입니다.

머리가 어찔어찔할 지경입니다. 그렇지만 정신을 가눌 길이 영 없는 것 아닙니다. 다양한 주장 가운데서 공통분모를 찾을 수 있기 때문입니다. 바로 '미완(未完)의 도량(道場)'이라는 점입니다. 너무도 당연한 얘기가 되겠지만 미완의 근거는 '와불'입니다. 왜 일으켜 세우지 않았냐는 것이지요. 앞서 본 도선 국사의 하루 낮밤 조성설도 그 출발점은 와불입니다.

그런데 재미있는 건 불상의 양식으로 봐선 누워 있는 두 부처—그래서 혹자는 음양불이라고도 말하는데—, 이 불상들의 양식은 좌불상(坐佛像)과 입불상(立佛像)

천불천탑(千佛千塔)으로 널리 알려진 운주사에서 '돌을 털어내어' 부처를 드러낸 천년 전 석수(石手)들의 무심을 봅니다. 그 무심, 45년간 장광설을 해 놓고도 끝내는 '한 마디도 한 바 없다(一字不說)'고 한 석가모니 부처의 거대한 시치미떼기와 많이도 닮았습니다.

산줄기 맞은편의 석탑이 금방 솟아오른 듯한 느낌으로 다가왔습니다. 더불어 호남정맥의 무등산에서 흘러내린 천불산의 두 산줄기 사이 계곡의 평지에 있는 탑과 불상들도 태초부터 그렇게 생겨난 것처럼 느껴졌습니다. 현재 운주사에는 천불천탑이라는 말과 달리 18기의 탑과 100여 석불(불완전한 것 포함)만 남아 있습니다. 하지만 천불천탑은 단순히 많다는 의미의 수사(修辭)가 아니라 실제로 그랬을 거라는 확신으로 다가옵니다.

이라는 점입니다. 일반적으로 와불이라 함은 부처의 열반상을 이릅니다. 팔베개를 하고 오른쪽으로 모로 누운 부처상 말입니다. 오늘날에는 이런 자세에 대해 심장이 오른쪽에 있기 때문에 가장 안정적이라는 인체공학적 설명을 하기도 합니다. 다들 경험했겠지만 잠 못 이루며 뒤척이는 밤, 마지막 자세가 이와 같이 된다는 점을 상기하면 제법 그럴 듯하게 들리기도 합니다. 여하튼, 운주사의 와불은 양식으로 본다면 와불이 아닙니다. 실제로 이들 두 부처는 떼어 내려 한 흔적을 간직하고 있습니다. 그리고 와불 아래에 선 시위불(侍衛佛, 머슴부처라고도 함)이 와불 옆에서 떼어낸 것이 확실한 점에 비추어 보면, 일으켜 세우려 한 최초의 의도를 읽을 수 있습니다. 그런데 왜 그냥 누운 채로 두었을까요. 기술적 한계, 마지막 단계에서 포기 혹은 불사 주체의 좌절, 최초의 의도 수정 등으로 짐작해 볼 수 있겠습니다. 이 지점에서 나의 상상력이 춤을 추기 시작합니다. 떼어 내려 하다 보니 그냥 두는 것이 더 근사하다는 데 생각이 미치지 않았을까, 하는 상상이 바로 그것입니다. 이런 나의 상상은 골짜기에 선 위태로울 정도로 가파른 상승감을 보여주는 탑으로 이어집니다. 그것에서 나는 하늘과 하나가 되려는(天人合一) 불탑 조성자들의 꿈을 봅니다. 그래서 나는 운주사의 와불은 '누운 부처'가 아니라 '하늘과 마주한 부처'라고 말해 봅니다. 실제로 와불 옆 산기슭에는 하늘이 내려 앉아(七星石) 있고, 최근에는 불탑의 배치가 하늘의 별자리와 일치한다는 주장이 제기되기도 했습니다. 그렇지만 나는 별자리설에 대해서는 별 매력을 느끼지 못합니다. 모든 불탑의 배치에서 어떤 원칙이나 기준을 느낄 수 없기 때문입니다. 과잉 해석은 상상력보다 못하다는 것이 내 생각입니다. 해석은 설득을 강요(?)하지만 상상은 늘 열려 있습니다.

  사실 운주사 도량에 첫 발을 딛는 순간 '천불천탑'을 느끼지는 못했습니다. 안 넘어지고 서 있는 것이 용하다 싶은 석탑, 못생겼다 못해 만들다 만 것 같은 석불이 첫

인상의 전부였습니다. 그러나 몇 번을 반복하여 산을 오르내리자 비로소 천불천탑이 보이기 시작했습니다. 산줄기 맞은편의 석탑이 금방 솟아오른 듯한 느낌으로 다가왔습니다. 더불어 호남정맥의 무등산에서 흘러내린 천불산의 두 산줄기 사이 계곡의 평지에 있는 탑과 불상들도 태초부터 그렇게 생겨난 것처럼 느껴졌습니다.

현재 운주사에는 천불천탑이라는 말과 달리 18기의 탑과 100여 석불(불완전한 것 포함)만 남아 있습니다. 하지만 천불천탑은 단순히 많다는 의미의 수사(修辭)가 아니라 실제로 그랬을 거라는 확신으로 다가옵니다.

"이 동네에서는 소 여물통도, 절구도, 빨랫돌도 심지어는 개 밥그릇도 본래 돌탑이거나 돌부처였다고 보면 됩니다."

절 아랫동네에서 태어나 52년째 살고 있다는 박병일 씨의 말입니다. 다소 과장된 말이라 쳐도 일제 때의 반출과, 관리가 전무하다시피 했던 80년대 초반까지 이곳저곳으로 옮겨갔을 사정을 고려하면 1481년에 편찬된 『동국여지승람』의 다음 기록은 사실에 가깝다고 봐야 할 것입니다.

"운주사는 천불산에 있는데, 절의 좌우 산기슭에는 석불과 석탑이 각각 천개 씩 있다."

운주사의 이름은 한자로 運舟寺, 運柱寺, 雲住寺 등으로 쓰였는데 발굴조사 때 발견된 고려시대 기와에 새겨진 글자로 雲住寺임이 밝혀졌습니다. 어쩌면 계곡과 산기슭에 불탑이 구름처럼 가득하여 그런 이름이 붙은 것인지도 모를 일입니다.

흔히 학자들은 운주사 불탑들의 미학적 특징을 말하면서 파격미, 도전적 단순미, 해학미라는 표현을 씁니다. 그런데 그런 모습들이 의도적인가 아닌가에 대해서는 확정적으로 말하지 않고 있습니다. 하지만 나는 의도적이었다는 확신을 가집니다. 퇴적암의 무른 특성을 살려 정교한 표현 대신 그에 걸맞은 불탑의 표정을 만들었을 것이기 때문입니다. 탑의 경우, 조각 수법은 투박해도 축조 기술 측면에서는 최고의 경지를 보여준다는 사실에 주목하면 결코 기술적 한계 때문은 아니었을 것입니다. 일명 거지탑으로 불리는 거의 다듬지 않은 몸돌과 지붕돌로 쌓은 석탑도 그것을 뒷받침합니다. 다시 말해 거지탑은 형식과 기법에 구애받지 않겠다는 의도의 직접적 표현이라는 얘깁니다.

또한 불탑의 배열은 원칙 없음을 원칙으로 삼은 게 아니었을까 하고 생각해 봅니다. 있는 그대로의 돌을 그 자리에서 깎고 다듬어 세웠기 때문입니다. 대부분 탑들이 기단석이 따로 없고 자연 암반을 기단으로 삼았을 뿐 아니라 앉은 방향(坐向) 또한 들쑥날쑥한 점이 그 방증입니다.

운주사는 분명 미완의 도량입니다. 하지만 나는 그것을 '미완(未完)의 완(完)'이라 믿습니다. 자연 그대로를 부처의 몸이라고 믿은 사람들의 천진(天眞)한 마음이 부처로 화현한 땅 운주사. 그곳의 못생긴 부처님이 우리에게 말합니다. '네 마음속 천진이 바로 메시아'라고.

석수가 돌을 털어내듯이, 마음자락 하늘 향해 펼치고 두드려 봅니다. 켜가 너무 두텁습니다. 또 절망하는 이 순간, 운주사의 못난이 부처가 빙긋 웃습니다.

절 마당 구석에 몸을 잃어버린 불상의 머리. 땅에서 솟은 듯합니다.

배롱나무 꽃 지고, 동백꽃 피려면 한참 기다려야 할 계절. 선운사 긴 마당은 초가을 볕과 함께 어슬렁거리기에 좋았습니다.

선운산 선운사

선운사에 가서 육자배기 가락에 젓노라니…

선운사 골째기로
선운사 동백꽃을
보러 갔더니
동백꽃은 아직 일러 피지 안했고
막걸릿집 여자의
육자배기 가락에
작년 것만 상기도 남었습니다
그것도 목이 쉬어 남었습니다.

미당 서정주 시인의 '선운사 동구'입니다. 동백꽃은커녕 단풍도 채 들지 않은 때였지만 '선운사 동구'가 환기하는 서정의 힘은 내 마음속 한 귀퉁이를 막걸릿집으로 만들어 버립니다.

공연한 가정이긴 합니다만, 만약 시인이 동백꽃이 한창일 때 선운사를 찾았더라면 어떤 시편을 남겼을까요. 아니, 물음을 바꾸겠습니다. 선운사 옆 동네에서 태어나고 자란 시인이 동백꽃 핀 선운사를 한두 번 가 본 게 아닐 텐데, 왜 그에 관한 시는 남기지 않았을까요.

어쩌면 시인은 온 산자락에 동백꽃물이 들고 있을 때 선운사를 찾아놓고도, 차마 그곳으로 가지 못했는지도 모릅니다. '막걸릿집 여자의 육자배기 가락' 에서 '살아간다는 일의 처연한 꽃다움' 을 먼저 봤기 때문일지도 모르지요. 아니면 피지 않았는지 뻔히 알면서도 막걸리 생각에 꽃 핑계를 댄 것인지도 모를 일입니다. 워낙 시인이라는 사람들은 '딴청 부리기' 의 명수들이니까요. 어쨌든 시인은 동백꽃을 보지 못했고, 덕분에 우리는 명편 하나를 얻었습니다.

그런데 시인과 꽃의 엇갈림이 우리에게 안긴 시는 행운의 선물이지만, 한편으로 그것은 독(毒)이 되기도 했습니다. 동백꽃이 선운사를 바라보는 하나의 색안경이 돼 버렸으니까요. 거기에 가수 송창식 씨의 노래까지 더해지면서 선운사는 가 보지 않은 사람에게도 동백꽃 절이 되고 말았습니다.

이미지로 선점돼 버린 사물일수록 실체에 다가서기가 힘든 법입니다. 그래서 옛 선사(禪師)는 온갖 이미지로 겹겹이 둘러싸인 오늘의 우리를 위해 이런 말을 남겼나 봅니다. '산은 산, 물은 물(山是山 水是水)!' 『금강경오가해』에 나오는 야보 도천(冶父 道川, 중국 송, 1127~1130) 스님의 이 말은, 성철 스님 때문에 우리에게 익숙해져 있지요.

또 어쩌면 서정주 시인은 문자의 한계를 절감한 나머지 '막걸릿집 여자의 육자배기 가락' 으로 에둘러 동백을 노래한 것인지도 모릅니다. 동백꽃에 선점된 선운사의 이미지가 시인의 탓은 아닙니다. 그것을 덧씌워 보는 우리들의 타성이 문제인 것이지요. 그렇다면 우리가 할 일은 자명해집니다. 우리 모두가 나름의 목소리로 육자배기를 부르는 것입니다.

천마봉에 올라 사방을 둘러봅니다. 서해는 안개에 가려 보이지 않지만 눈 아래로는 벼랑에 새긴 도솔암의 미륵 부처님이 만면에 웃음을 머금고 있습니다.

대웅보전(보물 제290호).

선운사를 품에 안은 선운산(도솔산이라고도 불리나 전라북도 도립공원으로서 불리는 이름이 선운산이므로 널리 쓰이는 쪽을 따름)은 내장산 어름에서 부안의 곰소만 쪽으로 뻗어나간 호남정맥의 가지줄기 끝에 맺힌 산입니다. 지도를 펴고 보면 파도 소리가 귀에 닿을 듯한 곳입니다. 그러나 막상 절로 들어가 보면 첩첩 산 가운데입니다. 정상의 해발 고도가 336m에 불과하지만 평지가 거의 해수면에 가까우므로 수직적 상승감은 숫자가 주는 선입견을 보기 좋게 허물어 버립니다.

일주문에서부터 구릉 같은 산자락은 서서히 키를 높여 천마봉으로 오르고, 숲길은 아름드리 단풍나무와 느티나무로 깊어집니다. 길 옆으로 잔잔히 흐르는 계곡 물 위로 또 하나의 숲이 살아 움직입니다. 그 숲 그림자로 하여 계곡도 깊어집니다.

500m 쯤 계류를 거슬러 오르면 다리 하나가 눈에 띄고 오른쪽으로 누각 형식의

문이 보입니다. 사천왕문입니다. 곧장 들면 긴 네모꼴의 무뚝뚝한 건물이 시야를 가로막습니다. 기둥 사이가 판문이 닫혀 있어 그 너머를 보여주는 데도 인색합니다. 만세루(萬歲樓, 전북무형문화재 제53호)입니다. 그런데 이 건물은 누(樓)라는 이름과 달리 단층 건물입니다. 왼쪽으로든 오른쪽으로든 돌아들면 천왕문에서부터 일직선 축으로 만세루와 이어지는 대웅보전(보물 제290호)이 모습을 드러냅니다. 왜 누각도 아니면서 누각이라는 이름을 달고 있는지 어렴풋이 의문이 풀립니다. 북쪽으로 산을 등에 두고 동서로 길게 배치된 사역은, 이 건물이 아니었다면 대웅보전을 정점으로 정리되지 않고 휑뎅그렁해 보일 정도였을 것입니다.

현재 선운사의 가람배치는 간단합니다. 대웅보전을 중심으로 서쪽 옆으로 영산전, 영산전 뒤로는 팔상전과 산신각이 나란히 앉아 있습니다. 영산전 옆 수직 방향으로는 명부전과 향운전(요사)이 담장을 사이에 두고 있습니다. 대웅보전 동쪽 옆으로는 관음전이 있고, 동쪽 끝에는 담장을 두른 별원 형식으로 최근에 신축한 유물전시관과 3동의 요사가 있습니다. 그런데 현재의 가람 배치는 1990년 이전 모습과 아주 다릅니다. 특히 대웅보전과 영산전 사이에 수평축을 벗어나 약간 삐딱하게 서 있던 요사채가 사라지고, 대웅보전 서쪽에 관음전이 새로 들어서면서 밋밋하게 펼쳐진 점입니다. 이에 대해서는 김봉렬 교수(한국예술종합학교 건축과)의 다음과 같은 지적은 주목할 만합니다.

"선운사 마당은 동서로 길쭉하다. 자칫하면 휑하고 멍청한 마당이 되기 쉬웠으나, 약간 돌아앉은 (대웅보전과 영산전 사이의) 노전채가 긴 마당을 둘로 쪼개어 한 부분은 대웅전에, 다른 한 부분은 영산전에 속하도록 구획하고 있었다. 그러나 최근 언젠가 노전채를 철거하고 말아 선운사 마당은 염려대로 비례가 맞지 않는 멍청이가 되어버렸다."

건축가적인 시각과 조계종 제24교구 본사로서 필요에 따른 가람 정비가 필요한 입장이 일치할 수만은 없겠지요. 그런데 건축에 문외한인 내 눈에는 다른 두 가지 사실이 더 크게 들어왔습니다. 첫째는 요사를 제외한 모든 전각이 맞배 지붕이라는 점입니다. 두루뭉술한 주위의 산세와 전각들의 담백하고도 담대한 맛이 참 잘 어울린다는 생각이 들었습니다. 다음으로는 만세루의 자연미입니다. 정면 9칸 측면 2칸 규모의 적지 않은 규모인데, 기둥들은 제각각이고 심지어 위아래에 현저히 다른 굵기의 나무를 잇기도 했습니다. 사실 이 정도의 자연미는 우리나라 사찰 어디에서고 볼 수 있습니다. 그러나 내부를 자세히 보면 그 검박함과 대담함에 놀라지 않을 수

자연주의 미학의 전형을 보여주는 만세루. 서까래는 물론이고, 근래에 갈아 끼운 하나를 제외하면 모든 대들보가 휘어진 나무들입니다.

없습니다. 최근에 갈아 끼운 대들보 하나를 제외하고는 종보와 서까래에 이르기까지 곧은 것이라고는 하나도 없습니다. 하나 같이 땔감으로나 썼을 법한 것들입니다. 특히 가운데 칸(어칸)의 대들보 위에 놓인 종보는 두 갈래로 갈라진 것을 사용하고 그 끝에 용머리를 끼웠습니다. 당시 억불의 시대 상황과 목재 수급의 어려움에 따른 결과로만 해석하기에는 그 익살과 해학의 품격이 구름을 올라탄 듯 자재롭습니다. 한없는 겸손이라고 표현해도, 하늘을 찌를 듯한 자신감이라고 표현해도 이 건물에 대해서는 결례가 될 것 같습니다.

영산전 뒤에서부터 산기슭을 따라 길게 이어지는 동백 숲(천연기념물 제184호)에 대해서는 어설픈 언급을 삼가겠습니다. 다만, 자연림이라고 볼 수밖에 없는 그 숲이 사실은 500여 년 전 가람을 중창하면서 인공으로 조성했고, 그 까닭도 산불에 대비한 것이었다는 것만 보탭니다. 사중에 전해오는 얘기라면서 문화재 해설사 강복남 씨가 귀띔을 해 주었습니다.

선운사에서 도솔암에 이르는 보행자 탐방로도 우리의 산과 절이 우리에게 내린 커다란 축복입니다. 도솔암 위 낙조대와 천마봉까지 욕심을 내도 4Km 남짓으로 왕복 2시간 반이면 족합니다. 가는 길에 장사송(천년기념물 제354호)과 진흥굴도 둘러볼 수 있어 지루하지도 않습니다. 꽃진 자리에서 돋아나기 시작하는 꽃무릇의 새싹들도 정답게 길동무를 해 줍니다.

진흥굴은 신라 진흥왕이 왕위를 버리고 출가하여 수도하였다는 전설을 간직한 곳입니다. 선운사의 초창자가 진흥왕이라는 창건 설화의 무대이기도 합니다. 하지만 당시 백제 땅에 신라왕이 출가했다는 건 믿기 어렵습니다. 현재 절에서 밝히는 바로는 백제 위덕왕 24년(577) 검단 선사와 신라의 국사이자 진흥왕의 스승인 의운 국사가 힘을 모아 창건했다고 합니다.

천마봉에 올라 사방을 둘러봅니다. 서해는 안개에 가려 보이지 않지만 눈 아래로는 벼랑에 새긴 도솔암의 미륵 부처님이 만면에 웃음을 머금고 있습니다.

엇갈리는 운명, 혹은 허방 딛기가 잦아서 상처 많은 인생들에게는 가을이야말로 잔인한 계절일지도 모르겠습니다. 하지만, 막걸릿집 여자의 육자배기 가락에서 동백꽃을 피운 미당처럼, 내가 사는 이곳을 미륵의 땅으로 여기며, "가난이야 한낱 남루(襤褸)에 지나지 않는다"(미당의 「무등(無等)을 보며」 첫행)고 호기를 부려보는 것도 그리 나쁘지 않을 것 같습니다.

불명산 화암사

부처의 광휘 드리운 꽃바위 절

'길(道)'의 시작과 끝, 그곳은 '집'입니다. 가야 할 길의 끝도 집이고, 떠나온 길의 시작도 집입니다. 어떤 종류의 길이든, 길은 집 떠난 자의 몫입니다만 역설적이게도 길은 집과 집 '사이'에 있습니다. 인간의 삶이란 결국 '이집(有爲)'과 '저집(無爲, 自然)' 사이의 길항(拮抗) 작용인지도 모르겠습니다.

절로 가는 길은 늘 설렙니다. '이집살이'의 곤고함이 짙을수록 '저집살이'에서 위안을 얻고 싶은 탓이겠지요. 불명산 화암사 가는 길도 그랬습니다. '부처의 광휘(佛明)가 드리운 꽃 바위(花嚴) 절'로 가는 마음이 목석같을 수는 없겠지요. 더욱이 화암사의 대표적 당우인 극락전(보물 제663호)과 우화루(雨花樓, 보물 제662호)에 대한 앞선 답사객들의 상찬은 설렘을 더욱 부풀렸습니다. 하지만, 어떤 권위나 확신에 찬 해석일지라도 자신의 몸과 마음으로 느끼지 않는 한, 풍문에 지나지 않는다는 사실을 새삼 깨달았습니다.

가파른 계곡을 올라 첫 대면을 했을 때의 느낌은 경이였습니다. 절의 정문격인 우화루는 불쑥 솟아오르는 산처럼 다가왔고, 나는 화들짝 놀랐습니다. 그러나 그 놀람은 곧 '이 깊은 산중 아스라한 기슭에 어떻게 이토록 우람한 건물이 들어설 수 있었을까 , 하는 지극히 상식적인 의문으로 바뀌더니 고난도의 수수께끼로 이어졌습니다. 그 수수께끼란, 훤칠한 높이의 누문이면서 왜 누하진입(樓下進入)이 불가능하게 석축으로 막았을까? 2층 누각은 왜 벽을 열어두지 않고 판벽과 판문으로 막았을까? 왜 행랑채같이 곁달린 집 사이의 좁은 문으로 출입구를 삼았을까? 의도적인 우각(隅角, 모퉁이) 진입이라면 왜 출입문을 들어서자마자 중심 공간을 곧장 보여주지 않는 것일까? 하는 것들로, 건축에 문외한인 나로서는 하나같이 벅찬 질문들이었습니다. 일단 모든 걸 놓아버리기로 했습니다. 그냥 몸 가는대로 마음 가는대로 느낄 양으로.

그러나 뜻밖에도 '들을 복'은 있어서 마침 극락전의 기단을 수리하는 고건축 전문가로부터는 건물의 구조적 특성을 들을 수 있었습니다. 함께 길을 나선 건축가 이일훈 선생께서는 공간 구성에 대한 이해의 맥을 짚어 주셨습니다. 이 글의 상당 부분은 이일훈 선생의 안목에 비전문가의 용감한 상상력을 보탠 것임을 미리 밝혀 둡니다.

어쨌거나 여기서 잠깐, 수수께끼 풀이가 아무리 중요해도 절로 드는 초입의 오솔길과 계곡을 걷는 즐거움을 빼선 안 될 것 같습니다. 불명산 주름에 옴살스레 흘러내리는 물줄기를 거슬러오르는 그 길을 걷는 일이야말로 '저집살이'의 즐거움이니까요.

경부고속도로를 대전에서 버리고, 대전 통영 간 고속도로를 추부에서 버리고, 17번 국도를 타고 가다 대둔산의 아기자기하고도 우람한 암릉이 만들어내는 스카이라인을 잠시 즐긴 다음 그 길마저 버리면, 전라북도 완주군 경천면 가천리. 화암사의 아랫마을입니다. 요즘은 영화에서나 봄직한 흙벽을 간직한 마을에는 유난히 감나무가 많은데 이미 가을을 물들이고 있더군요. 아마 그 빛깔을 보면 누구라도 '가을입니다' 하고 시작하는 편지를 쓰고 싶어질 겁니다.

우화루(보물 제662호)는 '큰 기교야말로 어눌해 보인다(大巧若拙)'는 말을 증명하는 건물입니다. 덤벙 주초와 생긴대로 선 기둥, 대충 끼워 맞춘 듯한 수법은 빈 듯하면서도 허술하지 않은 한국 건축의 특질을 고스란히 담고 있습니다.

폐쇄성의 극적 강조, 응결된 내부의 활화산 같은 분출, 이것이 화암사의 건축적 진실일 것입니다. 사방으로 불명산이 에워쌌는데 그 안에 전각을 또 산처럼 높게 둘러싸서 하늘과 땅을 맞닿게 한 것입니다. 실제로 화암사의 내부 영역에서 어느 건물에서 봐도 마지막 눈길은 저절로 하늘로 향하게 됩니다. 건축적 진실에 감응하는 몸의 진실입니다.

마을을 완전히 벗어나면 다시 길은 두 갈래로 나뉩니다. 내처 산을 휘돌아오르는 찻길을 버리면 오른쪽으로 오솔길이 열립니다. 소나무가 도열하듯 서 있는 개심사 길이나, 우람한 전나무가 하늘을 이룬 월정사 길과도 다른 아기자기한 오솔길입니다. 푹신한 흙길에 발이 익숙해질 쯤 보랏빛 물봉선이 계곡의 시작을 알립니다. 물길에 맨가슴을 다 열어준 암반의 미세한 층이, 가는 물줄기에도 경쾌한 박동을 만들어 주고 있습니다. 계곡이 허리를 곧추 세울 쯤 물줄기는 폭포에 가까운 모습으로 바뀝니다. 그 위로 벼랑에 기댄 철계단이 둔한 인간의 발을 연어의 꼬리짓이 되게 합니다. 다시 평평한 오솔길, 숨을 고르고 나면 홀연히 화암사가 꽃피어 있습니다.

일반적으로 누하진입은 어둠과 밝음의 극적 대비로 금당을 돋보이게 하는 건축적 고려입니다. 그런데 우화루는 다른 사찰보다 높은 누문인데도 왼쪽으로 조그만 돌계단을 만들어 모퉁이로 들게 합니다. 그런데 사각(斜角)으로 들어서서 얻는 건축적 노림인 깊이 있는 전경이 확보되지도 않습니다. 오히려 우화루와 적묵당의 처마가 포개진 좁은 공간으로 확보되는 시야는, 극락전의 귀퉁이와 적묵당의 툇마루로 한정됩니다. 정면은 수직의 절개면이 가로막습니다.

극락전을 향해 적묵당의 처마 밑을 걷는 느낌은 회랑(回廊)에서의 그것과 흡사합니다. 다분히 폐쇄적인 느낌입니다. 적묵당 툇마루의 가운데 쯤 오면 비로소 ㅁ자형으로 배치된 당우들이 다 드러나지만 폐쇄성은 더욱 짙어집니다. 사방이 다 막혀 있습니다. 남북으로 우화루와 극락전, 동서로 불명당, 불명당의 좌우로 트인 공간에는 철영재와 명부전이 시야를 가로막습니다. 여기서 하나의 실마리가 잡힙니다. 그리 넓지 않은 마당이 오롯이 드러나면서 우화루로 확장되는 걸 느낄 수 있습니다. 전면에서는 2층이었던 우화루가 내부에서는 완전히 1층처럼 보이는데다 누마루의 높이가 거의 마당과 수평을 이루고 있습니다. 강당과 행사장의 구실을 겸한 공간임

누각이면서도 판문으로 사방을 막고, 누각 아래도 석축으로 막아버린 화암사는 폐쇄성을 극적으로 강조하면서 사람과 하늘을 맞닿게 합니다.

을 알 수 있습니다. 그렇다면 여기서 화암사의 건축적 중심 공간은 '마당'이라는 결론을 얻을 수 있습니다. 하지만 그것은 함정입니다. 함정에서 빠져나올 열쇠는 우화루의 폐쇄성에 있습니다. 누각이라면 탁 트인 시야를 확보하게 해야 할 텐데, 널벽에 널문까지 달아 놓았습니다. 이 정도라면 분명한 의도로 봐야 할 것입니다. 이제야 선명한 무언가가 보이는 것 같습니다. '하늘'입니다.

폐쇄성의 극적 강조, 응결된 내부의 활화산 같은 분출, 이것이 화암사의 건축적 진실일 것입니다. 사방으로 불명산이 에워쌌는데 그 안에 전각을 또 산처럼 높게 둘러싸서 하늘과 땅을 맞닿게 한 것입니다. 그리하여 우화루(雨花樓)는 이름 그대로 '꽃비'가 됩니다. 실제로 화암사의 내부 영역에서 어느 건물에서 봐도 마지막 눈길은 저절로 하늘로 향하게 됩니다. 건축적 진실에 감응하는 몸의 진실입니다.

좀더 그 근거를 찾자면, 적묵당과 극락전의 처마는 위 아래로 포개져 있지만 남쪽의 우화루와는 아예 측면 합각판을 뚫고 하나의 지붕골을 이룰 정도로 폐쇄성을 겹겹이 강조합니다. 이정도 규모의 건물을 지으면서 실수로 그랬다고는 상상하기 힘듭니다. 수수께끼는 풀린 것 같습니다. 하지만 그것이 건축의 전부일 수는 없습니다. 효용성과 미감(美感)을 빼고 건축을 말하기는 힘들 것입니다.

화암사의 건축적 효용성은 극락전의 '하앙(下仰)' 구조에서 찾아야 할 것입니다. 오늘날 화암사를 유명하게 한 것도 국내 유일의 하앙 구조 때문입니다. 중국과 일본에는 흔한 구조여서 일본 학자들이 중국 건축술이 한국을 거치지 않고 직수입됐다는 근거로 삼기도 했는데, 화암사 극락전이 발견됨으로써 그들의 논리가 머쓱해져 버렸습니다. 하앙은 외형상 공포의 한 부분으로 보이지만 사실은 구조적 역할에 주목해야 할 부재입니다. 하앙은 처마와 기둥 사이의 공포와 달리, 천장 내부에서부터 서까래와 같은 방향으로 길게 뽑아 공포 부분에서 지렛대와 같은 작용을 하여 처마를 길게 빼는 역할을 하는 부재입니다. 실제로 극락전의 처마 깊이는 3m가 넘습니다. 그런데 강우량이 많은 남쪽 지방에서 긴 처마의 필요 때문에 사용된 부재라고 말들하지만 왜 화암사 극락전 밖에 없느냐에 대해서는 명쾌한 설명이 없습니다. 이에 대해서, 하앙 구조의 특성이 긴 처마뿐 아니라 내부에 고주(高柱)가 필요 없는 단순한 가구 수법에 있는데, 간단함에 비해 시공이 힘들고 고주 없이 버틸만한 큰 목재의 수급이 어려운데 그 원인이 있지 않았을까 하고 추정해 봅니다.

마지막으로 화암사의 건축적 미감을 이해하는데 '대교약졸(大巧若拙)' 보다 적절한 개념을 찾을 수 없을 것 같습니다. '큰 기교는 어눌해 보인다' 는 말을 증명이라도 해 보이듯, 화암사의 모든 당우는 막돌 기단에 덤벙주초입니다. 특히 우화루는 무기교적 기교의 절정을 보여 줍니다. 길이가 모두 다른, 대충 자귀질을 한 듯한 투박한 민흘림 기둥, 들쑥날쑥한 뺄목들. 디테일에는 전혀 관심이 없다는 투입니다. 그러면서도 전체적인 튼실함은 보는 이를 숙연하게 할 정도입니다. 오만을 느낄 수 없는 대가의 당당함이 바로 이런 것이겠지요. 적묵당 툇마루에 앉아 하늘과 불명산을 보면서, 화암사란 절 '집' 이야말로 선(禪)적 구경(究竟)의 건축적 구현이라는 생각을 해 봅니다.

현재 조계종 제17교구의 말사인 화암사의 정확한 창건 시기는 전해오지 않습니다. 중창기에 원효 스님과 의상 스님이 주석했다는 걸로 보아 적어도 7세기에는 창건한 것 같습니다. 그리고 현존 극락전은 1981년 해체 수리시 발견된 종도리의 묵서명에 의해 1605년(선조 38)에 중건된 것으로 밝혀졌고, 현존 우화루는 1611년(광해군 3)에 세워졌다고 합니다.

만수산 무량사

눈처럼 근심 쌓인다고요?
무량사로 가십시오

강렬함에 수직성까지 더해지면 난폭해집니다. 정수리로 내리꽂히는 여름 햇살도 그렇습니다. 열기뿐만이 아니라 완강한 수직성으로 사람을 지치게 합니다.

압도하는 법 없이 우뚝한 것들은 수직과 수평의 속성을 공유하고 있습니다. 흔히 최선의 인간됨을 말할 때 '냉철한 머리에 따뜻한 가슴'을 말하는 것도 같은 이치일 것입니다. 수평적 사고가 결여된 인간의 카리스마 과잉이 독재로 귀착되는 것은 필연입니다.

오래된 동리의 동구에는 으레 느티나무가 있습니다. 흔히 '정자나무'라 불리는 그 나무는 '당산나무'이기도 합니다. 신목(神木)이면서도 절대적 권위 같은 것은 찾아볼 수 없습니다. 높이만큼 팔을 벌려 그늘을 드리우기 때문입니다.

솟아오른 산과 누워 흐르는 강, 일러 산천(山川)입니다. 그것이 바로 자연입니다. 수직과 수평의 덕을 함께 갖춘 느티나무가 당산나무로 기림을 받는 것은 결코 우연의 산물이 아닐 것입니다.

이유미 씨의 글에 따르면 우리나라에 1000년 이상 된 나무가 예순네 그루인데 그

극락전 앞의 오층석탑(보물 제185호)은 고려 초기에 조성된 백제계 석탑이라 합니다. 장중하면서도 경쾌하고, 엄격하면서도 부드러운 백제계 석탑의 아름다움을 느끼게 합니다.

중 스물다섯 그루가 느티나무라고 합니다. 그런데도 느티나무에서는 노송(老松)에서 느껴지는 늙음의 이미지가 없습니다. 그 그늘에선 할아버지부터 손자에 이르기까지, 세대가 강물처럼 흐르기 때문일 것입니다.

만수산(萬壽山) 무량사(無量寺). 산의 수명으로 보자면 세상 모든 산이 만수산일 터이지만, 무량사가 있음으로 해서 만수산(575m)은 고유명사가 됩니다. 무량사의 주불은 아미타불입니다. 한자로 아미타불을 무량광(無量光)·무량수(無量壽)라 번역하는데, 한량없는 광명의 부처이자 한량없는 수명의 부처라는 말이겠지요. 쉽게 말해서 서방 극락세계의 주재자가 바로 아미타불인 것입니다. 이런 부처가 머무는 도량이니 이름하여 무량사이고, 그것을 품에 안은 산이니 당연히 만수산일 것입니다.

만수산과 무량사는 느티나무 같은 절입니다. 형상으로도 그렇고 역사적 측면에서도 그렇습니다. 무량사의 동·북·서 방향을 감싸안은 만수산은 모난 구석이라고는 없습니다. 교과서식 용어로 노년기 산의 전형을 보여주는 산입니다. 무량사의 주 불전인 극락전(보물 제356호)도 팔작지붕의 2층 구조로 우뚝 솟아 위엄이 넘치지만 위압적이진 않습니다.

실제로 무량사 경내에는 두 그루의 기품 넘치는 느티나무가 있습니다. 그리고 그 옆으로 5층 석탑이 있고 석탑 앞에 극락전이 있는데, 그 셋의 조화가 비범한 눈에도 신묘한 어우러짐으로 자각됩니다. 천왕문을 프레임으로 보이는 그 모습은 절대미감이라는 것이 바로 이런 것이구나 하는 감동으로 다가옵니다.

무량사의 신앙 정체성은 매월당 김시습(1435~1493)의 행적을 통해서도 헤아릴 수 있습니다. 5세 신동으로 불린 천재 시인 김시습은 세조의 왕위 찬탈을 보고는 출가승이 되어 산천을 떠돌다가 이곳 무량사에서 육신의 옷을 벗습니다. 한평생 탈속의 삶으로 일관한 그가 굳이 왕생극락을 빌 까닭은 없었을 것입니다. 그런데 왜 그

는 설악산 오세암에서 병든 몸을 이끌고 무량사를 찾았을까요. 만류하는 행자에게 이렇게 말했다고 합니다. "험하고 외진 곳이기 때문에 백년이 지나도 나를 귀찮게 할 관리 하나 없을 것이다." 하지만 말 그대로 이해한다면 이만저만 모순이 아닐 수 없습니다. 험하고 외진 곳으로 치자면 오세암이 훨씬 앞자리이니까요. 그에게 있어서 서방정토는 자연 그 자체가 아니었을까 하는 생각을 하게 하는 대목입니다. 변함없는 산천이야말로 무량수불(無量壽佛) 즉 다함없는 수명의 아미타불이 아닐는지요. 백제 말기 123년간의 수도 부여가 오늘날 소읍에 지나지 않는 것이나, 고려의 패망, 조선의 건국도, 풀끝 이슬 같은 인간사의 허망함을 증언할 뿐입니다. 따라서 김시습은 오세암처럼 속세와 격절된 공간으로서 자연보다는 인간을 품어주는 자연에서 영원을 봤을 것입니다. 만수산이 바로 그곳이었겠지요. 또한 무량사는 1488년(성종 19)에 그가 중수한 적이 있을 만큼 인연이 각별하기도 합니다. 무량사에는 그의 영정을 모신 영정각이 있는데, 현재 걸어 두고 있는 것은 사진 복사본입니다. 그리고 그의 부도는 산내 암자인 무진암 옆에서 정확한 내력을 알길 없는 8기의 부도와 함께 서 있습니다.

무량사는 당연히 백제의 사찰일 것입니다만 전해오는 사기에 따르면 신라 문성왕(839~856) 대에 범일(810~889) 국사가 창건했고, 신라 말에 무염(801~888) 선사가 중수했다고 전해집니다. 하지만 당시의 건조물은 남아 있지 않습니다. 이후 고려 고종(1213~1259) 대에도 대규모로 중창을 했지만 모두 불타버렸습니다. 조선 인조(1623~1649) 대에 중창이 이루어질 때 진묵(1562~1633) 선사는 아미타불 점안(點眼) 후 취흥에 젖어 시를 읊조렸다는 얘기도 전합니다. 초탈의 자유인 김시습을 기리는 선사다운 파격으로 여겨집니다.

무량사의 현재 모습은 경이로울 정도로 옛 모습을 고이 간직하고 있습니다. 현재

사람도 이 나한상처럼 귀가 크면, 세상은 지금보다 훨씬 평화로울 것 같습니다.

의 사격은 조계종 제6교구 본사인 마곡사의 말사이지만 도량 곳곳에 서린 위엄은 섣부른 비교 따위는 엄두조차 내지 못하게 합니다. 만수산의 울창한 산림과 도량의 조화도 인간과 자연이 이룰 수 있는 최고의 경지를 펼쳐 보입니다. 사실 이런 상투적인 표현이야말로 무량사의 진면모를 깎아내리는 일임을 잘 압니다. 우둔함이 송구스러울 따름입니다만 간단하게나마 그 면면을 살펴보겠습니다.

무량사의 주불전인 극락전(보물 제356호)은 조선 중기 건축의 걸작 중 하나입니다. 법주사 팔상전이나 금산사 미륵전, 화엄사 각황전, 마곡사 대웅보전과 같은 몇 안 되는 중층 구조인데, 절로 머리를 숙이고 우러르게 하는 위엄이 서려 있습니다. 오만의 끝을 향해 치닫는 초고층 빌딩에서 느끼는 위압감의 정체가 인간에 의한 인

만수산 무량사

극락전의 외관은 2층이지만 내부는 통층 구조입니다. 웬만한 크기의 불상으로는 감당해 낼 수 없는 구조인데, 흙으로 빚어 개금한 아미타삼존불은 동양 최대의 크기입니다. 중앙의 주불은 아미타불로 그 높이가 5.4m이고, 좌우에 협시한 관세음보살과 대세지보살은 4.8m입니다.

간 소외임을 절절히 깨닫게 합니다. 아무리 걸작이라 할지라도 문화재적 가치로만 절집을 바라봐서는 안될 까닭이 거기에 있습니다.

인간의 손으로 이루었으되 인간의 손길이 지워져버린 그 모습은, 근원으로의 자연에 바치는 경외의 노래이기 때문입니다. 만유의 본성이 공(空)임을 강조하는 불교가 형상을 세우고, 절대자로서의 신을 부정하면서 부처에 대한 예경을 강조하는 이유도 거기에 있을 것입니다.

극락전의 외관은 2층이지만 내부는 통층 구조입니다. 웬만한 크기의 불상으로는 감당해 낼 수 없는 구조인데, 흙으로 빚어 개금한 아미타삼존불은 동양 최대의 크기입니다. 중앙의 주불은 아미타불로 그 높이가 5.4m이고, 좌우에 협시한 관세음보살과 대세지보살은 4.8m입니다. 만약 그 정도의 크기가 아니었다면 내부 공간은 속절없는 황량함으로 부조화를 이루었을 것 같습니다.

극락전 앞의 오층석탑(보물 제185호)은 고려 초기에 조성된 백제계 석탑이라 합니다. 장중하면서도 경쾌하고, 엄격하면서도 부드러운 백제계 석탑의 아름다움을 느끼게 합니다. 5층 석탑 앞의 석등(보물 제233호)도 고려 초기에 조성된 것으로 우리나라 석등의 전형을 보여 주고 있습니다. 이밖의 전각으로는 미륵전 영역에 명부전과 우화궁이 있고, 서쪽으로 석축을 쌓아 단을 높인 영역에 영산전과 영정각, 천불전이 있습니다. 북서쪽 기슭으로 작은 계곡을 건너면 산신각이 있습니다. 짙을 대로 짙어진 녹음을 밟으며 이들 전각을 둘러보노라면, 근심 걱정 다 내려놓아서 오히려 낯선 나를 발견할 수 있습니다.

산문을 나서며 김시습의 시비 앞에 섰습니다. 세상을 등지고 산그늘에 몸을 누인 그의 심회가 바람처럼 다가왔습니다.

새로 돋은 반달이 나뭇가지 위에 뜨니
산사의 저녁종이 울리기 시작하네.
달그림자 아른아른 찬 이슬에 젖는데
뜰에 찬 서늘한 기운 창틈으로 스미네.
半輪新月上林梢
山寺昏鐘第一鼓
淸影漸移風露下
一庭凉氣透窓凹
(정한모 선생의 번역문.)

    혹시 머리맡에 근심이 눈처럼 쌓이는 날들이 길어지거든 무량사로 가십시오. 충청남도 부여군 외산면의 만수산 자락에 안심(安心)의 요람이 펼쳐져 있을 겁니다. 느티나무 그늘 아래로.

사자산 **법흥사**

솔향기 그윽한 부처의 땅

　누구에게나 '내 마음 속 길'이 하나쯤은 있을 것입니다. 포플러 그림자 위로 뽀얀 먼지를 구름처럼 피워 올리며 완행 버스가 터덜거리던 추억 속의 신작로일 수도 있고, 생선 비늘처럼 빛나던 한 시절 연인과 걷던 그 길일 수도 있겠습니다. 하지만 그 길들은 빛바랜 사진 같은 기억으로 남아 있기 쉽습니다.

　단순히 이곳과 저곳을 연결하는 통로의 구실만으로 '내 마음 속 길'이 되기는 힘듭니다. '길' 그 자체의 존재감으로, 떠올리기만 해도 마음을 그곳으로 옮겨 놓는 그런 길이어야만 내 마음의 길일 수 있을 것입니다.

　이름만 떠올려도 마음속에 길이 열리는 절이 있습니다. 이른 봄, 처연히 붉은 가슴을 열어 보이는 대흥사 동백 숲길. 소나기 내리는 여름날, 우산을 받지 않고 걷고 싶은 내소사의 전나무 숲길. 이슥한 가을, 차마 밟기가 망설여지는 부석사의 은행나무 길. 눈 내리는 겨울, 마냥 하늘을 보며 걷고픈 월정사의 전나무 숲길. 이렇듯 산사는 길보다 먼저 얼굴을 내밀지 않습니다. 눈에 보이는 금칠한 부처를 찾을 게 아니라 마음 속 부처를 먼저 찾으라는 가르침일지도 모르겠습니다.

　'적멸보궁' 가는 길. 법흥사의 소나무 숲길도 내게는 '내 마음 속 길'입니다. 거칠

법흥사의 소나무야말로 진정한 부처님의 사리일 것입니다. 아니, 절 마당을 오가는 다람쥐와 청설모, 구르는 돌멩이, 아무렇게나 피어난 들풀을 비롯한 모든 것이 부처의 몸입니다. 부처는 생명의 다른 이름이기 때문입니다. 삼라만상이 다 부처의 몸이기 때문입니다.

것 없이 하늘로 솟은 금강송은 이름 그대로 부처의 땅을 수호하는 살아 있는 금강역사입니다. 사철 변함없이 의연한 모습만으로도 커다란 위안이 됩니다. 더욱이 온 산의 소나무가 참나무에 밀려나고 있는 판국에 울울창창한 소나무 숲을 개나리 진달래 보듯 할 수 있다는 건 예사로운 일이 아닙니다.

사자산 법흥사. 대한불교조계종 제4교구 본사인 월정사의 말사로 강원도 영월군 수주면 법흥리 사자산(1,167m) 남쪽 연화봉(919m)의 품에 안겨 있습니다. 백두대간의 가지줄기에 자리한 사자산은 동쪽으로 백덕산(1,350m)을 이웃하고 있어 봄철이면 산을 좋아하는 사람들이 적멸보궁 참배와 시산제를 겸하여 즐겨 찾는 곳이기도 합니다. 마주한 구봉대산은 아홉 개의 봉우리가 경쾌한 오르내림으로 능선을 이루고 있어 하루산행을 하기에 적당합니다.

법흥사를 품에 안은 사자산은 예로부터 복된 땅으로 알려진 곳입니다. 이중환의 『택리지』에는 "사자산은 수석이 삼십 리에 뻗쳐 있으며 주천강의 근원이 여기이다. 남쪽에 있는 도화동과 무릉동도 아울러 계곡의 경치가 아주 훌륭하다. 또 복지라 부르는데 참으로 속세를 피해서 살 만한 곳이다."고 적고 있습니다. 또한 이 산은 네 가지 재물이 있어 사재산(四財山)이라고도 불렸다 하는데, 산삼과 옻나무 그리고 흉년에 아사를 면하게 해 주는 흰 흙과 꿀이 그것이라고 합니다.

법흥사는 오대산 상원사, 태백산 정암사, 영축산 통도사, 설악산 봉정암과 함께 부처님의 진신사리를 모신 우리 나라 5대 적멸보궁의 하나입니다. 신라 때 자장 스님이 당나라 청량산에서 문수보살을 진견하고 석가모니 부처님의 진신사리와 가사를 받아 643년(신라 선덕여왕 12)에 귀국하여 세운 절 가운데 하나로 창건 당시의 이름은 흥령사(興寧寺)였다고 합니다.

한편 법흥사는 창건 후 200여 년이 지난 신라 말 고려 초에 절정을 이룹니다. 이

른 바 9산 선문(九山禪門) 가운데 하나인 사자산문의 중심 도량으로 우뚝 섰던 것입니다. 9산 선문이란 왕건에 의한 후삼국 통일 이전 국사나 왕사 혹은 이에 버금가는 걸출한 선승이 산문을 연 대표적인 선종 사찰을 이르는 말입니다. 이 가운데 사자산문은 신라 말의 고승인 도윤(道允, 798~868)과 절중(折中, 826~900)에 의해 산문을 연 도량입니다. 당나라 남전 보원(南泉普願)의 문하에서 법을 받은 도윤이 847년(문성왕 9) 전남 능주의 쌍봉사에서 선풍을 떨친 것에서 시작됐으나 하나의 문파로 확립된 것은 도윤의 제자인 절중이 이곳 법흥사(흥령선원)에서 더 크게 선풍을 일으키면서부터입니다. 하지만 891년(진성여왕 5)에 병화로 불타 944년(고려 혜종 1)에 중건하였고, 또 다시 병화로 불타서 천년 가까이 작은 절로 명맥만 이어오다 1902년에 중건하고 법흥사로 이름을 바꾸었습니다. 1912년 또 불에 타 1930년에 중건하여 명맥을 유지해 오다 1997년부터 도완 스님이 주지로 부임하면서부터 중창에 가까운 불사로 절의 모습을 새로이 하고 있습니다.

사실상 법흥사는 적멸보궁이 아니었다면 폐사가 됐을지도 모릅니다. 부처님의 진신(眞身) 즉 사리가 그곳에 있기에 첩첩 강원도 산골에 묻혀서도 오늘날까지 법신(法身)의 광휘(光輝)를 발하고 있다고 봐야 할 것입니다.

오늘날 불교 신자들로부터 지극한 신앙의 대상이 되는 부처님의 사리도 실제로는 석가모니라는 인류 역사상 큰 인물의 유골일 뿐입니다. 그렇다면 참된 몸(眞身)으로서의 사리는 어떤 의미일까요? 여기서 잠시, 말로 하기 어려운, 말로 해서도 안 될 깨달음의 경지를 참으로 빼어나게 표현한 것으로 유명한 조주(趙州, 중국 당나라, 778~897) 스님의 말씀을 옮겨 보겠습니다.

"금 부처는 용광로를 건너지 못하고, 나무 부처는 불을 건너지 못하며, 진흙 부처는 물을 건너지 못한다. 참 부처는 안에 앉아 있다. (…) 다만 이치를 궁구하면서 이

부처님의 진신사리를 모신 사자산 기슭. 산천 그대로를 부처님의 몸으로 여기라는 가르침으로 새겨야 할 것 같습니다.

삼십 년 앉아 있으라. 그래도 알지 못하거든 내 머리를 베어 가라. (…) 천 사람이고 만 사람이고 모조리 부처를 찾는 놈들뿐이니, 도인은 한 명도 찾을 수 없구나. 만약 부처님의 제자가 되려거든 마음을 병들게 하지 말지니…."(장경각에서 펴낸 『조주록(趙州錄)』 99~100쪽)

감히 옛 어른의 말씀을 들먹이는 무례를 무릅쓰고 사리에 얽힌 불가의 옛일을 떠올려 봅니다.

"단하 천연(丹霞天然, 중국 당나라, 738~823) 스님이 혜림사에 묵고 있었는데 날씨가 매우 추웠다. 이때 불전에 목불(木佛)이 있는 것을 보고 그것을 쪼개 불을 피웠다. 이것을 보고 절 살림을 맡은 스님이 와서 꾸짖기를 '어찌 목불을 태우시오.' 하니, 선사가 주장자로 재를 헤치며 말했다. '사리를 얻으려 하였소.' 하니 예의 그 스님이 '목불에 무슨 사리가 있겠는가?' 하였다. 이에 선사가 이르기를 '사리가 없다면 다시 양쪽의 부처를 모두 가져다 태우리라.' 하였다. 이를 꾸짖은 스님은 나중에 눈썹이 빠졌다."(동국역경원에서 펴낸 『선문염송』 2권 180쪽)

적멸보궁에는 불상을 모시지 않습니다. 눈으로는 볼 수 없는 부처님의 진신(眞身)이 그곳에 있기 때문입니다.

법흥사의 소나무야말로 진정한 부처님의 사리일 것입니다. 아니, 절 마당을 오가는 다람쥐와 청설모, 구르는 돌멩이, 아무렇게나 피어난 들풀을 비롯한 모든 것이 부처의 몸입니다. 부처는 생명의 다른 이름이기 때문입니다. 삼라만상이 다 부처의 몸이기 때문입니다.

외양으로 보자면 오늘의 법흥사는 보잘것없는 절일지도 모릅니다. 한때 빛났던 역사를 더듬어볼 유물도 별로 남아 있지 않습니다. 따라서 법흥사는 앞으로 천년을 바라보며 새로운 역사를 써 나가고 있는 절입니다. 다행스럽게도 최근의 불사도 요즘 문제가 되고 있는 대형 불사의 폐해를 충분히 고려하고 있는 듯합니다. 산세를 고려한 전각 배치는 물론이거니와 최대한 자연을 해치지 않고 도량을 다듬고 있습니다. 적멸보궁 오르는 길이 소나무 숲길 옆으로 새로이 닦여서 실망감이 없진 않으나, 그렇게 한 까닭이 갈수록 망가져 가는 소나무 숲길을 영구히 보존하기 위함이라고 하니 그 뜻이 고마울 따름입니다.

법흥사에서는 소나무와 함께 호흡해야 합니다. 그렇지 않으면 법흥사의 진면모를 보지 못한 것이나 다름없습니다. 코끼리처럼 거북처럼 진중하게 흘러내리는 산기슭 곳곳에 패기만만한 청년 같은 20~30년생에서부터 70~80년생의 우람한 금강송이 온 산을 들어올리고 있습니다. 그러려니 하고 보면 오히려 눈에 띄지 않으므로 지나는 바람에라도 눈을 씻어야 합니다. 그 바람은 필시 솔바람일 것입니다.

법흥사 적멸보궁으로 오르는 길은 금강문(金剛門)을 겸한 원음루(圓音樓)에서부터 시작됩니다. 그곳에서부터 숨을 고르십시오. 그윽한 소나무 향기를 맘껏 들이키십시오. 그런 다음, 짙푸른 솔 그늘 사이로 별처럼 빛나는 햇빛을 저며 밟으면 거기 적멸보궁입니다. 까막딱따구리(천연기념물 242호)가 소나무의 품에 안겨 읊조리는 무정설법(無情說法)을 들을 수도 있습니다.

오늘의 법흥사는 자연과 더불어 건강하게 자라나고 있습니다. 그것이야말로 오늘의 산중 가람이 가야할 길일 것입니다.

부처와 사람이 만나는 집

세계와 사물의 본질에 대한 통찰.
부처가 우리에게 전한 소식은 바로 이것이다.
부처의 위대성은 '발견자'라는 사실에 있다.
우리 모두가
본래부처임을 의심치 않는 것,
사람이 부처로 사는 길의 시작이다.

얼핏 보면 경판고처럼 보이는, 일체의 장식적 요소를 배제한 거조암 영산전(국보 제14호)은 건축 양식으로 봤을 때 고려 말기에 세워진 것으로 추정합니다. 이 시기의 건물로는 부석사 무량수전이나 수덕사 대웅전이 유명한데 거조암 영산전은 이에 비해 덜 알려졌으나 독특한 구조미로 건축가들의 사랑을 듬뿍 받는 건물입니다. 최순우 선생은 무량수전의 아름다움을 말하면서 '꼭 갖출 것만을 갖춘 필요미'라고 한 바 있는데, 영산전이야말로 '필요미'의 절정을 보여 줍니다.

팔공산 은해사

은빛 솔숲 지나, 이웃의 얼굴을 한 부처님 만나는 절

지금, 산하는 '묵언정진(默言精進)' 중입니다. 침묵의 계절입니다. 천공으로 구름이 한가롭고, 빈 숲을 지나는 바람은 먼 바다 소리를 실어 나르고 있습니다. 소리가 지나간 자리에는 빛이 고입니다. 숲은, 은빛으로 출렁거립니다. 우리는 지금 그런 숲 속에 세워진 절을 찾아가고 있습니다.

은해사(銀海寺). '은빛 바다 속 절'이라는 말이겠습니다. 은해사가 터 잡고 앉은 팔공산을 극락정토로 여긴 데서 연유한 이름입니다. 극락의 주재자인 아미타 부처의 광휘를 은빛으로 물결치는 바다에 빗댄 것이겠지요.

지극한 믿음은 지극한 아름다움을 낳습니다. 산을 은빛 바다로 볼 줄 알았던 이 시적 상상력의 주인들은, 실제로 절의 진입로를 은빛 출렁이는 송림(松林)으로 가꾸어 놓았습니다. 기록에 의하면 1741년에 소나무를 심었다고 하니 숲의 나이는 264살이 되는 셈입니다. 일주문에서 계곡을 따라 곧고 굽은 노송들이 조화를 이루며 보화루 앞 해탈교까지 이어지는 그 길을 나는 주저 없이 '내 마음 속 아름다운 길'의 목록에 올립니다.

은해사는 본디 해안사(海眼寺)란 이름으로 신라 41대 헌덕왕 원년(891)에 창건

되었습니다. 헌덕왕은 조카인 40대 애장왕을 폐위시키고 왕위에 올랐는데, 그에 대한 참회와 당시에 숨진 원혼을 달래고자 혜철 국사로 하여금 해안사를 창건케 하고 자신의 원찰로 삼았습니다. 절터도 지금의 자리가 아니고 운부암 옆의 해안평이었습니다.

현재의 은해사는 조선 인종 원년(1545)에 일어난 화재로 해안사가 불 탄 뒤 지금의 자리로 옮겨 새로이 지은 것입니다. 인종의 태실(胎室)을 돌보는 사찰이었으므로 불 탄 이듬해 천교 스님이 나라의 보조금으로 중창을 하고는 이름도 은해사로 고쳤다 합니다.

인간사가 다 그렇듯이 절의 역사도 그곳에 머문 사람으로 하여 빛을 머금습니다. 고려 시대에는 보조 국사 지눌(普照 知訥, 1158~1210) 스님이 산내 암자인 거조암에서 정혜결사(定慧結社)를 도모하면서 주목을 받았습니다. 이후 원종 11년(1270)에 홍진 국사 혜영(弘眞 惠永) 스님이 머문 뒤부터는 선교양종(禪敎兩宗)의 총본산으로 사격이 한층 고양되었습니다. 조선시대에 들어서는 대화엄 강백인 영파 성규(影波 聖奎 1728~1812) 스님이 주석하여 화엄교학의 본산으로 이름을 빛냈습니다. 그러나 현재는 조계종 교구 본사 중 가장 가난한 절이라는 말을 들을 정도로, 빛났던 과거는 역사의 갈피에 묻혀 있습니다. 그렇지만 그 정신만큼은 끊어지지 않아서, 2002년부터 재가자 교육기관인 불교대학을 설립하여 수천 명의 졸업생을 배출할 정도로 '사람을 기르는 일'을 최대의 불사로 삼고 있는 절이 은해사입니다.

세상을 망치는 것도 사람이지만 세상을 살리는 일 역시 사람의 몫입니다. 그래서 이 시대의 절은 '사람의 학교', '남을 위한 기도의 집'이어야 합니다. 그렇지 않다면 절 또한 좀 순화된 형태로 욕망을 추구하는 곳에 지나지 않을 것입니다.

은해사가 자리한 팔공산(1193m)은 낙동정맥이 남하하다가 대구 쪽으로 뻗힌

거조암 영산전 안의 나한상. 천진하고 익살스런 표정은 바라보는 이의 마음도 천진으로 돌려놓을 듯합니다.

가지줄기에 맺혀서 금호강을 풀어놓는 대구의 진산입니다. 신라 오악 중 중악으로 대구시뿐만 아니라 경산시와 영천시, 군위군, 칠곡군에 걸쳐 있습니다. 그런데 이 산은 본디 공산(公山) 혹은 부악(父岳)이라고 불렸습니다. 삼국유사는 물론 조선 영조 때 편찬된 산경표에도 그렇게 나와 있습니다. 동국여지전도나 신증동국여지승람이 나오면서 비로소 팔공산이라는 이름이 보이는데 그 내력이 분분합니다. 양산 천성산에서 1,000명의 제자를 이끌고 수도하던 원효 스님이 8명의 제자만 데리고 팔공산으로 옮겨 살았는데 이들이 득도를 하여 붙여진 이름이라고도 하나, 후세에 만들어진 얘기라는 의견이 정설입니다. 다른 전승으로는 왕건이 후백제의 견훤과 싸우다가 대패했는데 이때 신숭겸 등 8장수가 전사하여 비롯된 이름이라고 하지만, 이 또한 어느 역사서에도 보이지 않는 것으로 봐서 허구임이 분명해 보입니다. 이 밖에도 여덟 고을에 걸쳐 있어서 혹은 여덟 봉우리가 우뚝해 보여서 라는 견해도 있지만 신뢰지수는 낮아 보입니다. 산자락이 워낙 넓다 보니 이런저런 인간사가 끼어들면서 만들어진 얘기로 이해하는 것이 좋을 듯합니다.

팔공산 동쪽 기슭, 행정 구역상으로 영천의 대표 사찰인 은해사는 조계종 제10교구 본사이지만 부속 암자가 더 널리 알려진 절이기도 합니다. 따라서 보폭을 넓혀 부속 암자를 두루 살피지 않은 은해사 탐방은 겉핥기에 지나지 않을 것입니다. 실제로 은해사가 보유한 1개의 국보와 3개의 보물 중 괘불탱(보물 제1270호)을 제외하고는 모두 산내 암자에 흩어져 있습니다. 거조암 영산전(국보 제14호), 백흥암의 극락전(보물 제790호)과 수미단(보물 제486호), 운부암 청동 보살 좌상(보물 제514호)이 바로 그것입니다. 이중 백흥암은 현재 비구니 선방으로 일반에 공개되지 않습니다. 이 밖에, 이름의 뜻이 "몸은 사바에 있으나 마음은 극락세계에 머문다(身寄娑婆 心寄極樂)"는 '기기암(寄寄庵)', 항상 상서로운 구름이 머물러 있다는 '운부암(雲浮庵)',

영산전은 영산회상(靈山會上) 즉 석가모니부처님이 영취산에서 법화경을 설하던 장면을 재현한 것입니다. 그때 가르침을 받던 제자들이 곧 깨달음의 경지에 오른 아라한인 것입니다. 그래서 나한전이나 응진전에 모셔지는 나한상은 혹독한 수행 이력을 상징하는 듯 다소 기괴한 표정을 한 노비구(老比丘)의 모습인 것이 상례입니다. 하지만 거조암 영산전의 나한상은 하나 같이 파격적일 만큼 해학적이고, 익살맞고, 천진스럽습니다.

일명 '돌구멍 절'이라고 하며 김유신이 수도하던 곳이라는 전설이 전하는 '중암암(中巖庵)' 등을 찾으면 운부암골이나 기기암골의 절경을 덤으로 얻을 수 있습니다. 그런데 또 재미있는 사실은 모든 산내 암자의 창건 연대가 본사보다 앞선다는 점입니다. 비유가 적절할지 모르겠습니다만, 들머리의 솔숲이 그러하듯 변죽이 아름다워 몸통이 빛나는 절이 바로 은해사입니다.

한편 은해사는 추사 김정희의 묵적(墨跡)으로도 유명한 절입니다. 1862년 지조스님이 지은 『은해사중건기』에 "'大雄殿', '寶華樓', '佛光' 세 편액은 모두 추사 김정희의 묵묘(墨妙)"라고 했고, 1879년 당시 영천군수 이학래가 쓴 『은해사연혁변』에는 "문의 편액인 '銀海寺', 불당의 '大雄殿', 종각의 '寶華樓'가 모두 추사의 글씨이며 노전의 '一爐香閣'이란 글씨 또한 추사의 예서이다"라고 적고 있습니다.

은해사의 암자 하면 가장 먼저 떠오르는 곳이 '오백나한 절'로 유명한 거조암입니다. 거조암을 바라보는 관심의 초점은 크게 둘로 나눠질 듯합니다. 첫째, 영산전(국보 제14호)에 대한 건축적 관심일 것입니다. 얼핏 보면 경판고처럼 보이는, 일체의 장식적 요소를 배제한 이 건물은 건축 양식으로 봤을 때 고려 말기에 세워진 것으로 추정합니다. 이 시기의 건물로는 부석사 무량수전이나 수덕사 대웅전이 유명한데 거조암 영산전은 이에 비해 덜 알려졌으나 독특한 구조미로 건축가들의 사랑을 듬뿍 받는 건물입니다. 최순우 선생은 무량수전의 아름다움을 말하면서 '꼭 갖출 것만을 갖춘 필요미'라고 한 바 있는데, 영산전이야말로 '필요미'의 절정을 보여 줍니다. 이를 한국예술종합학교의 김봉렬 교수는 '윤리적인 아름다움'이라 표현하고 있습니다.

거조암 영산전은 보는 이의 시선은 아랑곳 않은 듯한 외관과 마찬가지로 내부 또한 모든 부재를 노출시킨 장쾌한 단순미를 보여 줍니다. 그리고 그 안에 각기 다른 표정의 석조 나한이 모셔져 있습니다. 흔히 500나한으로 일컬어지지만 정확히는 석가모니부처의 10대 제자와 16나한을 합한 526위의 나한입니다. 사실 나의 관심은 건물보다는 나한, 좀더 좁혀 말하면 나한의 표정에 있습니다. 그 표정 속에는 인간사의 '희로애락'과 '시비곡직'이 다 들어 있습니다.

다 알다시피 영산전은 영산회상(靈山會上) 즉 석가모니부처님이 영취산에서 법화경을 설하던 장면을 재현한 것입니다. 그때 가르침을 받던 제자들이 곧 깨달음의 경지에 오른 아라한인 것입니다. 그래서 나한전이나 응진전에 모셔지는 나한상은 혹독한 수행 이력을 상징하는 듯 다소 기괴한 표정을 한 노비구(老比丘)의 모습인 것이 상례입니다. 하지만 거조암 영산전의 나한상은 하나 같이 파격적일 만큼 해학적이고, 익살맞고, 천진스럽습니다. 마치 어떤 경우에도 야단치지 않는 선생님과 제멋대로 딴전을 피우는 아이들로 가득한 초등학교 1학년 교실을 보는 기분입니다. 그 속에서 나는 마냥 편안했습니다.

깨달음이란 과연 무엇일까요. 어떤 선사는 '세수하다 코 만지기 같은 것'이라 했고, 또 어떤 선사는 '평상심(平常心)'이 그것이라 했습니다. 결국 이런 표현은 다 "모든 중생들엔 다 불성이 있다(一切衆生 悉有佛性, 열반경)'는 부처의 가르침으로 수렴됩니다.

인간에 대한 한없는 긍정, 이미 우리는 다 부처인데 미혹에 가려 그것을 발현하지 못할 뿐이라는 부처의 간곡한 말씀을 거조암 영산전에서 듣습니다. 소승적 깨달음의 상징인 아라한의 얼굴에서, 모든 중생이 부처가 될 수 있다는 대승적 자기 구원의 미소를 봅니다.

거조암 영산전의 나한님이 말합니다. 어떤 순간에도 '너 자신과 너의 이웃이 바로 부처'라는 것을 잊지 말라고 소곤소곤 말합니다.

봉정사는 1992년 4월 엘리자베스 영국 여왕이 방문하여 세인의 관심을 모으기도 했습니다. 외국 명사의 잠깐 방문으로 떠들썩 유명해졌다는 점이 낯부끄럽기도 하지만, 역시 우리 고유의 아름다움은 자연과 조화를 이루며 단순 소박하면서도 우아함과 섬세함을 잃지 않은 데 있다는 사실을 확인한 것은 소중한 기억입니다.

천등산 봉정사

있는 그대로의 아름다움, 그 당당함

　봉정사 가는 길. 멋대로 휘어진 소나무 숲 사이로 열려 있습니다. 얼핏 보면 참 못생겼다는 소리를 들을 법한 소나무 숲길입니다. 목재로 쓰일 가능성은 애당초 글러먹은 모습들입니다. 그렇다고 굽고 뒤틀려서 오히려 화가를 유혹하는 아취 따위도 없습니다. 면벽(面壁)도 부질없는 일이라는 듯 무심히 턱 괴고 졸고 있는 모습입니다.

　그 모습의 내력인즉, 자유당 정권 시절 굶어죽게 생긴 동리 사람들이 송기를 얻기 위해 아름드리 잘 생긴 소나무들을 쓰러뜨렸기 때문이라고 합니다. 다 옳았다는 생각이 듭니다. 몸을 내준 소나무도(감히 소나무 입장에 섰습니다), 악착같이 살아남은 사람들도.

　산다는 일은 본시 빚지는 일입니다. 봉정사 굽은 소나무 숲길에서 새삼 그것을 느낍니다. 늙은 어머니의 쭈글쭈글한 젖가슴이 떠오릅니다. 갚을 도리 없는 '묵은 빚'이 거기에 있습니다.

　가는 날이 장날이라고, 마침 김장을 담그고 있었습니다. 김치를 버무리던 아주머니(신도니 보살이니 하는 호칭은 이 경우 적절치 않습니다) 한 분이 선뜻 한입 떼어줍니다. 봉정사의 휘어진 소나무가 지켜낸 사람의 손맛이었습니다.

봉정사의 그 소나무. 사람을 지켜냈습니다. 모질게 살아남은 그 사람들. 절을 지켜냈습니다. 그렇게 절은 인간의 역사와 자연의 역사를 중재합니다. 결코 거대한 이데올로기가 그것을 가능케 하는 게 아닙니다. 자연화된 인간과 인간화된 자연만이 그것을 가능케 합니다. 김치 쪽을 건네주는 아주머니의 손끝에서 그것을 봅니다.

소나무 숲길이 끝나면 일주문입니다. 일주문에서부터는 늙은 갈참나무 숲길이 열립니다. 참나무 우듬지에 온 하늘이 걸려 있습니다. 늙은 참나무는 온몸을 하늘에 걸어 두고 있습니다. 한 겨울 그렇게 나려나 봅니다. 지난 여름 맹렬하게 푸르렀던 잎사귀들은 바위틈에서 겨울잠을 자며 새근새근 물을 풀어놓을 테지요.

경상북도 안동시 서후면 태장리에 있는 봉정사는 조계종 제16교구 본사인 고운사의 말사로 천등산(575m) 남쪽 기슭에 안겨 있습니다. 백두대간의 선달산과 구룡산 사이 옥돌봉에서 뻗어나온 가지줄기가 낙동강과 함께 남서쪽으로 흘러내리다 솟아올린 천등산이 내어준 터에 날개를 접은 봉황처럼 앉아 있는 절이 바로 봉정사입니다.

봉정사의 창건은 682년(신문왕 2)의 일로 의상 스님에 의해서입니다. 부석사를 창건한 의상 스님이 종이로 봉(鳳)을 만들어 날린 다음 그 봉이 머무른 곳(停)에 세운 절이라는 설화를 간직하고 있습니다.

천등산은 원래 대망산으로 불렸는데, 의상 스님의 제자인 능인 스님이 이 산의 바위굴에서 치열하게 수도하는 모습을 보고 감복한 천녀(天女)가 등불을 내려 굴 안을 환히 밝혔다 하여 생긴 이름이라 합니다. 지금 천등굴엔 산신이 모셔져 있고 기도객의 발길이 끊이지 않는 모습입니다. 천등굴에서 5분 남짓이면 정상에 설 수 있습니다. 서쪽으로 학가산이 어깨에 닿을 듯하고 남동쪽으로 낙동강이 손에 잡힐 듯합니다. 한편 안동시에서 정상에 세워 놓은 안내판에 따르면 개목산(開目山)으로도

봉정사 만세루. 단청을 하지 않은 모습에서 있는 그대로의 아름다움과 청빈의 당당함을 봅니다.

불리었다 합니다. 조선 초 지리에 밝았던 재상 맹사성이 안동에 소경이 많은 것은 천등산의 기운 때문이라며 개목(開目)으로 고쳐 부르게 했다는 것입니다. 이렇듯 우리 산은 우리네 삶의 흔적을 지문처럼 간직하고 있습니다.

천등산의 지세는 후덕합니다. 그래도 산은 산. 봉정사의 경내로 들어서는 순간에는 가파른 상승감을 느낍니다. 그런데 휘돌아 계단으로 오르는 길 모퉁이에 선 와송(臥松) 한 그루가 석축에서부터의 기울기를 시각적 수평으로 누그러뜨립니다. 최대한 자연에 순응하면서도 편안한 터를 얻을 줄 아는 선인들의 안목이 놀라울 따름입니다.

약간의 손질만 곁들인 돌계단에 몸을 세우고 고개를 들면 만세루의 지붕선이 봉황의 날개인양 우아하게 깃을 펴고 있습니다. 만세루 기단까지는 12m 정도이지만 그보다 훨씬 길어 보입니다. 자연석 돌계단과 누마루가 어울려 만들어 내는 깊이감 때문일 것입니다. 한 걸음 한 걸음 스며들 듯 계단을 올라 만세루에 이르면 새로운 공간이 펼쳐집니다. 누하(樓下) 기둥 사이로 홀연히 대웅전이 모습을 드러냅니다.

만세루 아래를 통과하면 3.6m 높이의 석축 위에 중정(中庭)이 펼쳐집니다. 정면에 대웅전(보물 제55호), 왼쪽으로 화엄강당(華嚴講堂, 보물 제448호), 오른쪽으로 승방으로 쓰이는 무량해회(無量海會)가 만들어 내는 바른 네모꼴의 마당입니다.

만세루를 지나 대웅전 앞마당 석축을 오르지 않고 왼쪽으로 몸을 옮기면 또 하나의 네모꼴 마당이 열려 있습니다. 정면으로 극락전(국보 제 15호), 왼쪽으로 고금당(古今堂, 보물 제449호), 오른쪽으로 화엄강당이 만들어 내는 공간입니다. 화엄강당은 두 영역의 매개체이자 각각의 영역에 독립성을 부여하는 구실을 합니다.

지금도 대웅전과 극락전 마당은 대등한 위계의 독립성을 지니고 있지만 과거엔 더 구체적이었다고 합니다. 대웅전 앞에는 조계문(曹溪門), 극락전 앞에는 우화루

봉정사 극락전(국보 제15호). 우리나라에서 가장 오래 된 건물입니다.

(雨花樓)가 있어서 완전한 'ㅁ'자 형 공간을 이루었다는 것입니다.

　봉정사에서 또 하나의 네모꼴 마당을 찾자면 ㄱ자 형 무량해회와 공양간이 만나 이루는 후원 공간입니다. 이렇게 보면 봉정사는 두 곳의 신앙 공간과 한 곳의 생활 공간으로 이루어진 절이라고 할 수도 있겠습니다. 바로 이러한 공간 구성으로 하여 봉정사는 좁은 터를 넓게 쓰고, 각각의 영역은 독립성을 지니면서도 폐쇄적이지 않습니다. 실제로 봉정사는 작은 암자 하나면 족할 것 같은 공간을 넓고 다양하게 쓰는 지혜를 보여 줍니다. 위엄과 검박, 우아함과 아기자기함, 신앙 공간으로서의 엄숙함과 생활 공간으로서의 편리함을 조화시키고 있는 것입니다.

　오늘날 봉정사가 기림을 받는 가장 큰 이유 중의 하나는 극락전 때문일 것입니다. 국보 제15호인 이 건물은 우리나라에서 가장 오래 된 건물입니다. 1972년 9월 해체 수리할 때 종도리에 홈을 파서 보관한 한지에 기록된 상량문으로 그것이 확인되었습니다. 인조 3년(1625)에 만든 상량문에는, 능인 스님(能仁大德)이 창건했고 6대 조사(祖師)들이 중수했으며, 공민왕 12년(1363)에 지붕을 중수하였다고 기록되어 있습니다. 따라서 학계에서는 이 건물이 처음 지어진 때를 지붕 수리 때보다 적어도 100~200년 앞선 12세기 말~13세기 초로 추정합니다.

　자연석과 다듬은 돌을 함께 쓴 기단에 정면 3칸 측면 4칸으로 지은 주심포 계열의 맞배지붕을 한 극락전은, 통일신라 이후 고려시대까지의 고식(古式)을 간직한 건물로 건축사적 가치가 높습니다.

　한편 봉정사는 1992년 4월 엘리자베스 영국 여왕이 방문하여 세인의 관심을 모으기도 했습니다. 외국 명사의 잠깐 방문으로 떠들썩 유명해졌다는 점이 낯부끄럽기도 하지만, 역시 우리 고유의 아름다움은 자연과 조화를 이루며 단순 소박하면서도 우아함과 섬세함을 잃지 않은 데 있다는 사실을 확인한 것은 소중한 기억입니다.

또한 봉정사는 툇마루 절로도 유명했다 합니다. 대웅전 정면에 툇마루가 있는 경우는 이곳 밖에 없습니다. 승방과 공양간으로 쓰이는 무량해회는 툇마루가 세면에 연이어져 있습니다. 안동 지방의 건축 문화와 관련이 있을 듯한데, 생활의 편의성을 살리면서 늘 자연을 완상할 수 있도록 한 건축적 고려가 아닐까 하고 생각해 봅니다. 특히 부속 암자인 영산암은 모든 건물이 툇마루를 달고 있습니다. 더욱이 우화루 옆 건물은 남쪽 면에 누마루까지 만들어 집 안으로 자연을 들여 놓고 있습니다.

천등산의 동쪽 허리를 감싸며 흘러내리는 계곡 너머에 자리한 영산암은, 1987년 로카르노 국제영화제에서 최우수상을 받은 〈달마가 동쪽으로 간 까닭은〉을 촬영한 곳이기도 합니다. 여유롭게 퇴락을 즐기는, 곱게 늙어 가는 절집의 자연주의 미학에 세계인이 공감한 것입니다.

봉정사와 영산암으로 하여 우리는 있는 그대로의 아름다움과 청빈의 당당함을 봅니다. 대덕(大德)의 빛〔輝〕은 그러합니다. 만세루는 누각 안에 '덕휘루(德輝樓)'라는 또 하나의 당호(堂號)를 달고 다시 한번 은근히 그것을 일깨우고 있습니다.

떠도는 행위 자체를 목적으로 한 여행은 분명 근대의 산물입니다. 순수한 여행은 수확을 전제하지 않습니다. 무목적이 합목적입니다. 물론 명확한 목표를 겨냥한 여행이 없는 건 아닙니다. 하지만 그런 여행에는 '순수한 바람기'가 없습니다. 여행의 진정한 매력은 그냥 바람처럼 떠도는 데 있습니다.

능가산 내소사

게으르게, 아주 게으르게 그러나 바람처럼…

'쓸데없는' 떠돌기. 본시 여행이란 이런 게 아닐까요? 떠돌이의 삶을 타고난 집시나 유목민도 쓸데없이 떠돌지는 않습니다. 떠돎은 그들의 생존 방식입니다.

떠도는 행위 자체를 목적으로 한 여행은 분명 근대의 산물입니다. 순수한 여행은 수확을 전제하지 않습니다. 무목적이 합목적입니다. 물론 명확한 목표를 겨냥한 여행이 없는 건 아닙니다. 취재 여행이나 답사 여행, 혹은 비즈니스를 목적으로 한 여행도 있습니다. 하지만 그런 여행에는 '순수한 바람기'가 없습니다. 여행의 진정한 매력은 그냥 바람처럼 떠도는 데 있습니다. 한번 떠올려 보십시오. 학창시절 수학여행에서 과연 '수학(修學)'에 얼마만큼의 관심이 있었는지를.

여름의 정점입니다. 유희본능에 충실한, 괜히 허공으로 솟구쳐 올라 공중제비를 돌고는 대양에 종주먹질을 해대는 돌고래처럼, 산과 들 그리고 바다로 휘젓고 다니기 좋은 계절입니다. 이런 여행지로 서해 변산 만한 곳도 드물 것 같습니다. 이른바 산해절승(山海絶勝), 산과 바다가 두루 빼어난 곳이니까요.

내소사의 전나무 숲길이 아무리 좋다지만 곧장 그곳으로 갈 수는 없습니다. 발길 닿는 곳마다 판소리 사설처럼 펼쳐지는 풍광들이 들려주는 얘기에 귀 기울이지 않

는 건, 가마 타고 조는 한심한 양반놀음과 다를 바 없습니다. 누천년 파도가 깎아 만든 해식단애와 갯벌 그리고 구름을 휘감은 첩첩 산봉우리가 연이어 펼쳐지는데 어찌 앞만 보고 달릴 것입니까. 만약 요즘 같은 장마철에 변산으로 가다가 바닷가 바위벼랑 어디선가 한 소나기를 만난다면, 그것은 하늘과 땅이 갈라지기 이전 신화의 한 장면을 보는 일일지도 모릅니다. 내소사 가는 길은 게으를수록 좋습니다.

마치 아프리카 지도를 가로로 뉘어놓은 듯한 변산반도는 크게 내변산과 외변산으로 나뉩니다. 채석강과 격포해수욕장, 적벽강, 고사포해수욕장, 변산해수욕장 같은 북서쪽 바닷가 쪽이 외변산입니다. 그리고 옥녀봉에서 신선봉, 관음봉, 관음봉, 의상봉으로 이어지는 산지가 내변산입니다. 따라서 변산이라는 이름은 반도 전체를 일컫기도 하고, 호남정맥의 가지줄기인 변산의 산군 전체를 이르기도 한다고 보는 것이 옳을 것 같습니다.

변산반도는 딱히 어느 한 산을 지목하여 '변산(邊山)'이라는 이름을 달아주고 있지 않습니다. 하지만 꼬집어 변산을 지칭하자면 예로부터 최고봉인 내변산 북쪽의 의상봉(508m)보다는 내소사 뒷 봉우리인 관음봉(425.5m)을 가리키는 것 같습니다. 흔히 내소사는 '능가산 내소사'로 불리는데,『신증동국여지승람』에 변산을 일러 '능가산으로도 불리고, 영주산으로도 불린다'고 한 기록을 그 근거로 삼을 수 있겠습니다.

변산에 관한 옛 기록은 여럿입니다. 그중 이중환이『택리지』에 쓴 내용만을 옮겨 보겠습니다.

"노령에서 (산줄기) 한 가지가 북쪽으로 부안에 와서 서해 가운데로 쑥 들어갔다. 서쪽·남쪽·북쪽은 모두 큰 바다이고, 산 안에는 많은 봉우리와 구렁이 있는데, 이것이 변산이다. 높은 봉우리와 깎아지른 듯한 산꼭대기, 평평한 땅이나 비스듬한 벼

내소사 설선당(說禪堂, 화면 오른쪽). 이 건물의 툇마루에 앉아 자연의 소리에 귀 기울여 보십시오. 밝아질 것입니다.

랑을 막론하고 모두 큰 소나무가 하늘에 솟아나서 해를 가렸다. (…) 주민이 산에 오르면 나무를 하고, 산에서 내려오면 고기잡기와 소금 굽는 것을 업으로 하여, 땔나무와 조개 따위는 값을 쳐 사지 않아도 풍족하다."

이제 내소사로 들어가도 될 것 같습니다. 내소사는 633년(백제 무왕 34)에 혜구두타 스님이 소래사(蘇來寺)라는 이름으로 창건했다고 합니다. 『신증동국여지승람』에도 소래사(蘇來寺)로 기록돼 있습니다. 이로 미루어 보면 조선 중기 이후에 개명이 됐다는 얘기인데, 당나라의 소정방이 신라를 도와 백제를 칠 때 이절에 시주를 하여 내소사로 개명됐다고 전하는 얘기는 거의 믿을 만한 구석이 없습니다. 더욱이 백제 부흥 운동의 중심지였던 이곳에 그 같은 전설이 전한다는 것은 괴이쩍기조차 합니다.

소래사에서 내소사로 바뀐 내력은 정확히 알 길이 없으나 단순히 글자 순서를 바꾼 것 이상의 심오함이 내포돼 있습니다. 절이라는 공간이 우리에게 어떤 의미인가를 상징적으로 보여 주기 때문입니다. 그 의미를 한번 헤아려 보겠습니다.

개명에 관해서는 대웅보전 중건과 관련된 전설로 미루어 짐작해 볼 수 있습니다. 현재의 대웅보전은 호랑이가 화현한 대호 선사가 중건했다고 하고, 파랑새로 화현한 관세음보살이 단청을 했다고 합니다. 널리 알려진 얘기지만 간단히 줄여보면 이렇습니다.

대웅전을 짓기로 한 목수는 삼 년을 하루같이 집을 짓지는 않고 법당을 장엄할 나무토막만 다듬었습니다. 이를 한심하게 여긴 동자승 하나, 심술스런 호기심으로 슬쩍 한 토막을 감추어 버렸습니다. 드디어 그 일을 마친 목수가 나무토막을 헤아려 본즉 하나가 비었습니다. 목수는 장탄식을 했습니다. 자신의 능력이 한심스러웠던 목수는 일을 포기하려 했습니다. 이를 보고 동자승이 감추었던 토막을 내 놓았지만 끝내 목수는 그것을 부정한 것이라 하여 쓰지 않고 집을 지었습니다.

건물이 완공된 후 단청을 할 때였습니다. 화공은 백일 동안 아무도 법당 안을 들여다보지 말라고 했습니다. 그러나 이번에도 동자승의 인내심은 99일이 한계였습니다. 몰래 창구멍을 뚫고 본즉, 파랑새가 붓을 들고 단청을 하고 있었습니다. 그러나 그 순간 파랑새는 마지막 붓질을 멈추고 날아가 버리고 말았습니다. 그리하여 지금도 내소사 대웅보전 내부공포 한 칸은 비어 있고, 단청 한군데는 바탕색만 칠해져 있습니다. 인공의 한계에 대한 섬세한 고백, 혹은 자연에 다가서는 고수의 태도를 알게 하는 얘기입니다.

그런데 이에 관한 아주 매력적인 시 한편이 있습니다. 미당 서정주 시인의 산문시인데 조금 길긴 하지만 그대로 옮겨 보겠습니다. 천연스런 우리말의 최고 경지를 맛볼 수 있을 것입니다.

내소사 대웅보전 단청은 사람의 힘으로도 새의 힘으로도 호랑이의 힘으로도 칠하다가 칠하다가 아무래도 힘이 모자라 다 못하고 그대로 남겨 놓은 것이다.
내벽 서쪽 맨 위쯤 앉아 참선하고 있는 선사, 선사 옆 아무것도 칠하지 못하고 너무나 횡하니 비어둔 미완성의 공백을 가 보아라. 그것이 바로 그것이다.
이 대웅보전을 지어놓고 마지막으로 단청사를 찾고 있을 때, 어떤 해어스름제 성명도 모르는 한 나그네가 서(西)로부터 와서 이 단청을 맡아 겉을 다 칠하고 보전 안으로 들어갔는데, 문고리를 안으로 단단히 걸어 잠그며 말했었다.
"내가 다 칠해 끝내고 나올 때까지 누구도 절대로 들여다보지 마라."
그런데 일에 페는 속(俗)에서나 절간에서나 언제나 방정맞은 사람이 끼치는 것이라, 어느 방정맞은 중 하나가 그만 못 참아 어느 때 슬그머니 다가가서 뚫어진 창

내소사 대웅보전(보물 제291호) 내부. 이 건물을 다 지은 후 단청을 할 때였습니다. 화공은 백일 동안 아무도 법당 안을 들여다보지 말라고 했습니다. 그러나 동자승의 인내심은 99일이 한계였습니다. 몰래 창구멍을 뚫고 본즉, 파랑새가 붓을 들고 단청을 하고 있었습니다. 그러나 그 순간 파랑새는 마지막 붓질을 멈추고 날아가 버리고 말았다는 전설을 간직하고 있습니다.

구멍 사이로 그 속을 들여다보고 말았다.

나그네는 안 보이고 이쁜 새 한마리가 천정(天井)을 파닥거리고 날아다니며 부리에 문 붓으로 제몸에서 나는 물감을 묻혀 곱게곱게 단청해 나가고 있었는데, 들여다보는 사람 기척에

"아앙!"

소리치며 떨어져 내려 마루바닥에 납작 사지를 뻗고 늘어지는 걸 보니, 그건 커다란 한 마리 불호랑이였다.

"대호(大虎) 스님! 대호 스님! 어서 일어나시겨라우!"

중들은 이곳 사투리로 그 호랑이를 동문(同門) 대우를 해서 불러댔지만 영 그만이어서, 할 수 없이 그럼 내생(來生)에나 소생(蘇生)하라고 이 절 이름을 내소사(來蘇寺)라고 했다.

그러고는 그 단청하다가 미처 다 못한 그 빈 공백을 향해 벌써 여러 백년의 아침과 저녁마다 절하고 또 절하고 내려오고만 있는 것이다.

—내소사 대웅전 단청(전문)

그렇습니다. '와서(來)', 나를 '다시 하는(蘇)' 절이 바로 내소사입니다. 과거는 지나간 오늘이고 미래는 다가올 오늘입니다. 나날이 나를 새롭게 하는 것이 영원을 사는 길임을 일깨우는 절이 바로 내소사입니다.

사실 내소사에 대해서는 너무 널리 알려져 있어서 앵무새 같은 설명 따위는 괜한 수작에 지나지 않습니다. 그래서 나는 그 유명한 전나무 숲길이나 대웅보전(보물 제291호), 고려 동종(보물 제277호)에만 집착할 것이 아니라 관음봉과 세봉 사이의 산중턱에 자리한 청련암으로 걸어오를 것을 권합니다. 간간이 오솔길을 가로질러 흐

르는 계류가 피워 올리는 물안개를 벗 삼아 느긋이 올라도 30분이면 족합니다. 그 곳에서 서해로 몸을 돌려 세우고, 곰소만의 그림 같은 풍광에 잠겨 보십시오. 필시 마음 속 한 귀퉁이에서 '물처럼 바람처럼 살고프다'며 꼬드기는 소리가 들릴 것입니다. 못 이긴 척 속아 넘어 갈 일입니다. 그것이 내소사에서 할 일입니다.

무설당에서 설선당을 바라본 모습. 자연과 인간의 소통을 중재하는 우리 전통 건축의 미덕을 보여 줍니다.

한라산 법화사

백록담 담은 해원(解冤)의 분화구

　수평선이 어둠 속으로 익사하는 시간, 제주 가는 뱃길에 올랐습니다. 육중한 철재 다리를 올라 그야말로 '뱃속'으로 들어서자 어이없게도 에스컬레이터가 기다리고 있었습니다. 인천~제주를 오가는 크루저 '오하마나호'는 하나의 거대한 빌딩 같았습니다.

　'과연 내가 배를 탄 건가?' 하는 약간의 혼동을 겪은 후 선실 밖으로 나가 비로소 바다를 봤습니다. 옅은 구름에 조심스럽게 걸러진 달빛 아래 새로운 세상이 돋아나고 있었습니다. 불빛으로 다가오는 서해 연안이 섬처럼 느껴졌습니다. 오히려 배가 육지 같았습니다. 어처구니없는 '주객전도'라는 생각이 들었습니다. 그러나 바로 그때 또 다른 생각이 해일처럼 다가왔습니다. '주(主)'와 '객(客)'의 명확한 경계는 있기나 한 것인가?

　지구 표면의 3분의 2는 바다입니다. 이렇게 본다면 우리가 '대륙'이라고 말하는 곳도 엄밀한 의미에서 '섬'입니다. 그러나 누구도 그것을 섬이라고 말하지 않습니다. 일상의 인간 관계도 그렇습니다. 내가 오른쪽을 가리킬 때, 나를 마주한 상대는 같은 곳을 가리키며 왼쪽이라고 말합니다. 답답할 노릇입니다. 그래서 선가(禪家)

에서는 '주객이 무너진 자리'에서 깨달음의 꽃을 찾았습니다. 선(禪)이 인류에 헌정한 소식은 오직 이것입니다. 세상과 인연 끊고 면벽하는 것이 선이 아닙니다. 웰빙 족들이 흉내 내기 좋아하는 거룩한 몸짓은 더욱 아닙니다.

절 얘기를 하는 자리인데 말 머리가 무거워졌습니다. 하지만 그럴 수밖에 없는 것이, 제주라는 섬 그리고 아직은 미지의 사찰인 법화사는 우리에게 '주와 객' 그리고 '과거와 현재'의 관계에 대해 두뇌 게임 같은 성찰을 요구하고 있기 때문입니다.

우리가 제주도를 '섬'이라 했을 때, 그것은 분명 한반도에 의해 타자화된 이름입니다. 물론 한반도도 제주도에 의해 타자화됩니다. 그 예로 제주도 사람들은 타지인들을 칭할 때 서울 사람, 부산 사람, 광주 사람이라 특정하지 않습니다. 그냥 싸잡아 '육지 사람'이라 해 버리고 맙니다. 그런데 문제는 육지에 의해 '섬'이라 불리는 순간 제주도는 주변화된다는 것입니다. 그렇지만 제주도 사람들에 의해 '육지 사람'으로 불린다 하여 서울 사람, 광주 사람들이 주변화되지는 않습니다. 한라산 분화구로도 분출시키지 못할 제주의 한은 그것에서 비롯됩니다. 근세의 4·3봉기나, 거슬러 올라 삼별초의 대몽 항전, 몽골과 원나라에 복속된 역사는 그 한의 슬픈 문양입니다.

이쯤에서 다시 현실로 돌아오겠습니다. 호화 유람선은 아니지만 움직이는 섬 같은 거대한 오하마나호는 13시간 동안 미동도 없이 밤바다를 헤쳐 제주항에 닿았습니다. 그런데 또 역설적인 것은 제주 땅에 발을 딛는 순간부터 섬을 느낄 수 없었다는 점입니다. 심지어는 바다도 느껴지지 않았습니다. 섬이라는 말은 땅덩어리의 상대적 크기로 주객을 나눈 분별의 소산입니다. 날씨에 따라 다르긴 하지만 어디에서고 보이는 눈 덮인 한라산, 그 아래로 끝없이 펼쳐지는 듯한 밀감밭, 도심 가로수로 심어진 워싱턴 야자의 이국적인 풍광. 이것이 제주의 인상이었습니다. 주머니 두둑한 관광객 입장이라면 지상 낙원을 먼 데서 찾을 일이 없겠다 싶었습니다.

말라버린 연꽃 줄기. 생로병사 중 어느 때의 모습일까요? 명확하게 선을 그을 수 있는 생로병사의 경계는 있을까요?

한라산의 정수리를 이고 앉은 법화사는, 또한 연못에 그것을 품고 삽니다.

겉모습으로만 제주를 본다면 그냥 평화롭습니다. 그러나 그것은 관광객의 눈에 비친 평화일 뿐입니다. 4·3으로 상징되는 제주의 한은 땅속 어딘가에서 이글거리는 마그마 같은 현재 진행형의 비극입니다. 그리고 그 뿌리는 주지했다시피 오랜 옛날로 거슬러 올라갑니다. 그것을 간과하고 제주를 말할 수는 없습니다.

공교롭게도—아니, 너무 당연하게도—우리가 찾아갈 법화사의 역사도 제주의 한과 직간접으로 관련되어 있습니다. 어쩌면 우리는 법화사를 통해 제주의 비극을 정면으로 응시하게 될지도 모릅니다.

임상심리학자들의 말에 의하면 슬픔을 치유하는 데 망각은 별 효용이 없다 합니다. 단기적으로는 슬픔을 촉진시키는 것이 오히려 효과적인 치유법이라 합니다. 부처의 처방은 한 걸음 더 나아갑니다. 슬픔을 있는 그대로 바라보라. 그리고 그것이 어디에서 비롯된 것인지를 추적하라. 결국 너는 슬픔의 '실체 없음'을 발견하게 될 것이다. 뭐, 이런 식입니다. 그런데 이게 쉽지 않습니다. 설사 그것을 통찰했다 할지라도 '몸 삶'이 그것을 따라주지 않는 한 도로아미타불이기가 십상입니다. 역시 승부처는 '지금 이 순간'을 어떻게 살아낼 것인가에 있습니다. 이렇게 봤을 때—주관적인 견해이긴 합니다만—현재 진행중인 법화사의 복원이야말로 '새로운 역사 쓰기'를 통한 창조적 해원(解寃)일 수 있습니다.

현 법화사의 문화재적 지위는 사적지로서 제주도 기념물 제13호입니다. 더 쉽게 말하면 폐허가 된 옛 절터 위에 새로운 절이 세워지고 있는 중입니다. 물론 고고학적 발굴 성과에 따른 것입니다. 그렇지만 완전한 발굴 후의 복원은 아닙니다. 이 지점에서 고고학적 입장의 현장 유지와 복원은 충돌합니다. 선발굴 후복원을 원칙으로 하는 고고학은 복원 자체를 훼손으로 간주합니다. 여기에 '폐허의 미학' 운운 하는 말이 곁들여지면 더욱 그럴싸해집니다. 하지만 법화사지는 황성옛터가 아닙니다. 간신히 절의 명맥을 이어오던 80년대 초까지도 절터의 대부분은 밀감밭이었습니다. 80년부터 문화 유적지로서 법화사 복원의 원을 세운 시몽(현 주지) 스님의 원력과 제주도와 서귀포시, 문화재청 그리고 지역 주민이 뜻을 모아 오늘에 이른 것입니다. 현장 유지 못지않은 복원의 정당성이 여기에 있습니다. 더욱이 법화사의 복원은 요즘 사회적 문제가 되고 있는 대형 불사와 근거 없는 졸속 복원과도 거리가 멉니다. 고고학에도 문화재에도 문외한으로서 주제넘은 소리가 될지 모르지만, 현재의 법화사 복원은 앞으로 천년을 내다본 창조로서의 복원입니다. 100% 완벽한 복원이란 불가능하지만 설사 가능하다 쳐도 그 또한 모조품입니다. 세계 문화유산으로 지정된 석굴암조차도 엄밀한 의미에서 원형은 하늘만이 알 것입니다.

법화사의 창건 시기는 역사 속에 묻혀 있습니다. 문헌상 법화사에 대한 최초의 기록은 태종실록으로 추정되는데 간단히 요약하면, 태종 6년(1406) 명나라에서 법화사의 미타삼존이 원나라의 양공(良工)이 만들었다는 이유로 옮겨갔다는 것입니다. 이는 고려 말 이후 조선조까지 계속된 명나라의 제주도 지배권 요구와 같은 맥락에서 이해해야 할 것입니다. 제주의 한과 법화사의 퇴락이 겹치는 대목입니다.

1982년부터 17년 동안 8차에 걸친 발굴 조사 결과 가장 큰 소득의 하나는 중창 시기의 절대 연대를 알려주는 명문이 새겨진 기와의 출토입니다. 이에 따르면 고려 충렬왕 5년(1279)에 대규모로 중창이 이루어졌다는 것인데 그 시기는 원종 14년(1273) 진도에서 제주도로 옮겨 저항하던 삼별초의 최후 그리고 원나라의 탐라총관부가 설치된 시기와 겹칩니다. 법화사의 흥성과 제주의 비극이 엇갈리는 대목입니다. 한반도의 남쪽 끝에서 170여 킬로미터나 떨어진 섬나라가 중국 민족의 지배하에 놓인 이런 비극이 근세의 4·3봉기가 결코 무관할 수 없다는 것이 내 생각입니다.

'탐라'라는 제주의 옛 이름은 한반도의 타자로서 제주가 주변화된 시초입니다.『신

현재의 모습만으로도 법화사는 제주, 아니 한국 불교의 자랑이기에 충분해 보였습니다. 2만여 평의 부지와 옛 주초석, 사찰 건물로는 유례를 볼 수 없는 대웅전 앞 월대, 제주의 현무암을 다듬어 주초로 삼은 우람한 구화루 그리고 2700여 평의 연지(蓮池). 이것만으로도 나는 법화사의 새롭게 쓰일 자랑스러운 역사를 예감하기에 충분했습니다.

『증동국여지승람』의 기록을 보면 "고을 이름을 탐라(耽羅)라 하였으니, 처음에 탐진(지금의 강진)에 닿아서 신라에 조회하였기 때문"이라 했습니다. 이를 미루어 보면 적어도 신라 이전에는 독립국이었다는 얘깁니다. 소설적 상상력일지 모르겠으되, 탐라라는 이름을 얻게 된 고대의 사건도 근세의 4·3과 결코 무연해 보이지 않습니다.

1948년 단선·단정에 반대한 4·3봉기는 정부 수립 후 2~3만 명의 희생자를 낸 다음 막을 내렸는데, 희생자의 대부분은 양민이었다 합니다. 이 과정에서 법화사도 영향을 받습니다. 토벌 작전 과정에서 한라산의 중산간 마을과 함께 소개되는 비운을 겪은 것입니다. 하지만 그것은 오늘날 법화사지를 자연스럽게 되살리게 된 계기가 되기도 했습니다. 이것만 봐도 법화사는 제주인을 위한 해원의 공간으로 거듭나야만 합니다.

한편 법화사의 초창자를 장보고로 보는 견해도 있습니다. 발굴 유구의 면밀한 검토를 통해 신빙성 있는 고증이 가능할 수도 있겠지만 굳이 그것에 집착할 일은 아닐 것 같습니다. 조선조까지도 노비가 280명이었다는 기록도 대찰이었을 과거를 짐작케 하지만 오늘의 자랑거리일 수는 없습니다. 타락한 불교의 한 단면이기도 하니까요. 이런 모든 법화사의 과거가 역사적 배경일 수는 있으되 오늘의 권위를 위한 가탁의 대상일 수는 없습니다. 복원이 맹목적 복고여서는 곤란합니다.

현재의 모습만으로도 법화사는 제주, 아니 한국 불교의 자랑이기에 충분해 보였습니다. 2만여 평의 부지와 옛 주초석, 사찰 건물로는 유례를 볼 수 없는 대웅전 앞 월대, 제주의 현무암을 다듬어 주초로 삼은 우람한 구화루 그리고 2700여 평의 연지(蓮池). 이것만으로도 나는 법화사의 새롭게 쓰일 자랑스러운 역사를 예감하기에 충분했습니다.

지금도 내 눈에는 한라산의 정수리가 비치는 법화사의 연못이 눈에 아른거립니다. 그 연못을 거닐며 나는 이 시대에 꼭 필요한 사찰의 탄생을 지켜보는 기쁨을 누렸습니다. 나무 한 그루도 허투루 심어져 있지 않았습니다. 연못 속 섬의 곰솔(해송)은 넘치지도 모자라지도 않았고, 도량가의 녹나무와 동백은 아취 그윽했습니다. 주지 스님의 안목 덕분인 것 같았습니다.

  자연을 담는 그릇으로서의 집. 다시 그 그릇에 사람을 담는 집. 내가 생각하는 이상적인 절집은 그런 집입니다. 그런 집에서는 주인과 객이 따로 없습니다.

  한라산 남쪽 기슭, 제주도 서귀포시 하원동에 가면, 하늘 담은 연못(백록담)을 또 담은 연못이 있는, 다가가 내가 안기면 나 또한 자연의 일부가 되게 하는 그런 절이 있습니다. 법화사입니다.

  법화사로 하여 제주의 한 말끔히 씻기는 날, 육지 사람이 아닌 그냥 사람으로서 다시 제주에 가서, 구화루 기둥에 기대어 꾸벅꾸벅 졸다가, 어떻게 운 좋아 한가로운 귀에 연꽃 벙그는 소리 고이면, 부처님 내게 들려주는 한 소식인 줄 알고, 한 바탕 웃고 춤추다 돌아오고 싶습니다.

운길산 수종사

구름 사이로 본 두물머리, '한강'의 진경

"같은 강을 두 번 건너는 것은 불가능하다."(헤라클레이토스) 순간순간 변화하는 세계의 존재 방식에 대한 번뜩이는 직관을 내장한 말입니다. 같은 어법으로 우리는 '같은 산을 두 번 오를 수 없다.'고 말할 수 있을 것입니다. 하지만 우리는 수없이 같은 강을 건너고, 같은 산을 오릅니다. 강물은 두 번 '같은 모양의 파랑'을 보여 주지 않고, 산은 사시사철 모습을 달리한다는 것은 사실입니다. 그러나 그러한 변화 저편, 샘[泉]과 같은 산천의 본성은 진실입니다. 샘솟으며 흔들림으로써 오히려 여여부동(如如不動)한 산천. 따라서 자연은 영원의 다른 이름입니다. 자연은 끝없는 자기 갱신으로써 영원합니다. 우리는 그 영원한 산을 오르며, 오를 때마다 '달라진 나'를 발견합니다. 언제나 느끼는 바지만, 산을 오르는 일은 나를 새로이 하는 일입니다. 만약 그 새로움이 한 경계를 벗어나면 영원을 볼 수 있겠지요.

기행(奇行)으로 유명한 조선 후기의 화가 최북이 금강산 구룡연을 둘러보다가 흥겨움에 취해 잔뜩 술을 마시고는, "천하명인 최북은 마땅히 천하명산에서 죽어야 한다."며 뛰어내리려 했다는 얘기를 읽은 적이 있습니다. 흔히 자살 소동이라 말하지만 나는 그렇게 이해하고 싶지 않습니다. 영원의 언저리를 본 그런 순간이 아니었

을까, 하고 짐작해 봅니다.

운길산(雲吉山) 수종사(水鍾寺). 상서로운 구름으로 둘러싸인 산을 거처로 삼은 절입니다. 그 절에서 한강을 내려다봅니다. 물리적 높이로만 보자면 운길산(610m)은 야산에 지나지 않습니다. 정상의 조망도 키 큰 나무들의 몫입니다. 하지만 정상보다 낮은 동쪽 봉우리(500m)에 바투 앉은 수종사에서 바라보는 한강은, 비로소 그 이름에 값하는 풍광을 보여줍니다.

북한강과 남한강이 만나 '한' 강을 이루는 두물머리. '두물머리' 라는 이 매혹적인 우리말 이름의 뿌리는 1890년(조선, 고종27)에 만들어진『수종사중수기(水鍾寺重修記)』에 기록된 '이수두(二水頭)' 입니다. 이후 '이수두' 는 오늘날 양수리(兩水里)라는 이름으로 바뀝니다. 어쨌건 우리는 수종사로 하여 한강의 '한강' 다움을 봅니다.

수종사의 풍광에 대한 상찬은 일찍이 조선 초기의 문장가 서거정(1420~1488)이 선점해 버렸습니다. 그는 수종사에서 한강을 보며 "동방 사찰 가운데 제일의 전망"이라고 말했습니다. 그런 그가 시 한 수 남기지 않았을 리 없습니다.『신증동국여지승람』에서 찾아 본 그의 시는 다음과 같습니다.

가을 오매 경치는 구슬프게 변해 가는데
간밤 비 아침까지 계속하니 물이 언덕을 치네.
하계에서는 연기와 티끌 피할 곳 없더니만
상방의 누각은 하늘과 가지런하네.
흰 구름 자욱한데 뉘게 줄까나
누런 잎 휘날리니 길이 아득하네.

내 이제 동원에 가서 참선이야기 하려 하니
밝은 달밤에 괴이한 새 울게 하지 말지니.

秋來雲物易悽悽
宿雨連朝水拍堤
下界烟塵無地避
上方樓閣與天齊
白雲歷歷誰堪贈
黃葉飛飛路欲迷
我擬往參東院話
莫教明月怪禽啼

 수종사의 처연한 가을 정경으로 시작되는 시는, 누구에게도 흰 구름 나눠 줄 수 없는 고적감으로 나아갔다가, 결국 선(禪)을 얘기하겠다는 도저함으로 마무리됩니다. 그러나 지금 나는 모든 것이 빗속에 잠긴 여름의 한가운데에 서 있습니다. 강물이 안개가 되어 산을 오르고 산이 강물로 흘러드는, 산천의 경계가 지워진 천지미분(天地未分)의 상태를 보고 있습니다.

 안개에 의해 원근감이 희미해진 강 너머는 하늘과 맞닿아 있습니다. 그리하여 지상의 모든 것들은 강으로 흘러듭니다. 그 속에서 나는 소양댐에서 뱃놀이하는 연인들의 웃음소리를 듣고, 내린천에서 미역을 감는 아이들이 튀기는 물방울에 젖습니다. 금강산, 설악산, 오대산, 태백산, 소백산, 월악산, 속리산이 한강과 한 몸임을 다시금 깨닫습니다. 태백시의 금대봉(금대산이라고도 함) 북쪽 계곡이 한강의 발원이라는 지리 정보는 부차적입니다.

　수종사의 창건 연대는 확실하지가 않은데, 1439년(세종 21)에 세워진 정의옹주의 부도가 있는 것으로 보아 창건은 그 이전일 것으로 추정됩니다. 어떤 연유로 창건 이후의 흔적이 지워졌는지는 알 수 없지만, 기록상 가장 앞서는 중창 연대는 1460년(세조 6)이라고 합니다. 근대에 들어서는 1890년(고종 27) 풍계 혜일(楓溪 慧一) 스님이 다시 허물어진 절터에 고종이 내려준 돈 1200량으로 대웅전과 나한전, 어향각(御香閣), 산왕각(山王閣)을 세웠다 합니다. 1936년과 1939년에도 태욱(泰旭) 스님이 중수하였으나 6·25때 모두 불타버렸고, 1974년에 혜광(慧光) 스님이 대웅보전, 1981년에 대응 스님이 범종각과 종각, 산신각을 새로이 세웠습니다. 최근 들어서는 1999년에 동산 스님이 삼정헌(三鼎軒)을 세워 절을 찾는 모든 이들에게 차실(茶室)로 개방하고 있습니다. 빈 자리만 있다면 누구나 무료로 한강을 굽어보면서 차를 즐길 수 있습니다. 차실의 당호를 삼정헌(三鼎軒)이라 한 까닭은 시(詩)와 차(茶) 그리고 선(禪)이 어우러진 절의 내력에서 비롯되는데, 초의 선사와 정약용, 서거정, 김종직 같은 분들이 시를 읊조리며 차를 마시다 선정에 든 것을 기리기 위함이라 합니다.

　수종사의 과거사를 얘기하면서 세조를 빠뜨릴 수는 없습니다. 봉은사 본말사지에 전하는 창건 설화는 세조와 얽힌 인연을 다음과 같이 적고 있습니다.

　세조가 즉위 5년에 8도 방백들에게 명하여 운길산 남쪽 기슭에 축대를 쌓아 절을 일구었는데 그 이름을 수종사라 한 것은, 세조가 용선을 타고 밤중에 두물머리에 이르렀을 때 종소리가 들려왔기 때문이라 합니다. 이튿날 사람을 시켜 종소리가 울린 곳을 찾았더니 바위 굴에 18나한이 앉아 있었고, 바위틈에서 물방울이 떨어지면서 종소리를 내는 것을 알게 되었다 합니다. 일설에는 세조가 친히 산에 올라 땅을 파

1999년에 동산 스님이 삼정헌(三鼎軒)을 세워 절을 찾는 모든 이들에게 차실(茶室)로 개방하고 있습니다. 빈 자리만 있다면 누구나 무료로 한강을 굽어보면서 차를 즐길 수 있습니다. 차실의 당호를 삼정헌(三鼎軒)이라 한 까닭은 시(詩)와 차(茶) 그리고 선(禪)이 어우러진 절의 내력에서 비롯되는데, 초의 선사와 정약용, 서거정, 김종직 같은 분들이 시를 읊조리며 차를 마시다 선정에 든 것을 기리기 위함이라 합니다.

들머리의 숲길. 이 숲길이 끝나는 곳에 두물머리가 내려다보이는 수종사가 있습니다.

서 물을 얻고 또 작은 종을 얻었기 때문이라고도 합니다. 이렇듯 운길산과 두물머리 그리고 수종사는 불가분의 관계입니다.

산경표의 한북정맥 가지줄기 끝에 이름을 올리고 있는 운길산은, 운악산에서 가지 친 축령산과 천마산을 지나 한강 가에 이릅니다. 그런데『신증동국여지승람』을 보면 수종사를 품에 안은 산은 조곡산(早谷山)이라고 적혀 있습니다. 물론 운길산도 보이는데, 둘 다 광주현의 동쪽 30리에 있다고 했습니다. 같은 산을 두 산으로 오해한 것 같습니다. 봉은사 본말사지에 조곡산 옆에 괄호를 하고 운길산이라고 적혀 있는 것으로 보아 무리한 추정은 아닌 것 같습니다.

수종사 가는 길은 하루 산행 코스로도 좋습니다. 가족과 함께라면 절 초입까지 차로 올라서 절을 둘러본 다음, 한 시간 남짓 오르면 운길산 정상입니다. 소낙비가 내려도 가랑비로 느껴질 정도로 울창한 숲길은 삼림욕을 하기에도 그만입니다. 하루를 다 바칠 시간이 있다면 진중리나 송촌리에서 시작하여 수종사, 운길산, 적갑산(560m), 예봉산(683m)을 두루 거쳐 팔당역 쪽으로 내려서도 좋을 것 같습니다.

요즘 봇물처럼 쏟아지는 여행 정보서를 본 다음 현장을 가 보면, 기대 이하거나 이상인 경우가 대부분입니다. 표현의 과·부족 탓일 겁니다. 고백하건데, 이 글도 그런 범주를 크게 벗어나지 못할 것입니다. 빼어난 풍광은 몸으로 만나 맨눈으로 봐야 합니다.

산자락에서 내려다 본 수종사. 한강이 아득히 가깝습니다.